KB271762

공급체인의 구조와 방향성의 역할

공급체인의 구조와 방향성의 역할

권영훈 著

책 머리에

1980년대 이후 기업 간 관계관리가 전술적인 측면에서 전략적인 측면으로 그 위상이 변해지고 기업의 성과 측정이 효율성 추구에서 유효성 추구로 목표가 바뀌어지고 있다. 그러나 기존연구에서 사례연구나 개념연구를 통한 규범적 시사점 제공에 치중하여 실무적인 공급체인의 설계를 위한 방안 제시에는 미흡한 면이 없지 않았다.

이러한 점들을 바탕으로 본 연구에서는 과거 연구와는 달리 공급기업과 구매기업의 특성을 함께 가지는 중소 규모의 기업들을 대상으로 적절한 경영성과를 창출하기 위한 공급체인 설계 시사점을 제공하기 위한 목적으로 실시되었다. 이에 대하여 국내벤처 제조기업들을 대상으로 개별 기업이 속한 공급체인의 환경과 특징을 공급체인 구조로 개념적 정의하고 관계 기업과의 관계성 확립을 위한 노력 수준을 공급체인 방향성으로 정의하였다. 구체적으로 본 연구의 내용과 연구결과는 다음과 같다.

첫째, 공급체인 유형이 공급체인 방향성 구축에 영향력을 가지는지 살펴보았다. 이에 대하여 정보활용성이 커질수록 외부 지향적 공급체인 구축에 영향력을 미치는 것으로 나타났다. 장기적 관계, 가격 이외의 기준에 의한 공급기업 선정 방침도 공급체인의 내부 지향적 구축에 영향력을 가지는 것으로 나타났다. 따라서 EDI, VAN 등을 통한 통합적 공급체인 경영(SCM)의 실현 가능성이 실증적으로 파악되었으며, 장기적 관계 형성과 합리적 선정이 통합적 공급체인 구축 활동에 효과를 가진다는 점을 파악할 수 있었다.

둘째, 지리적 분산 수준이 공급체인 방향성에 미치는 영향력을 파악하였다. 가설검정 결과에 따르면 단순한 공급체인의 지리적 확대는 공급체인 방향성의 외부 지향에 영향력을 가지지 못하는 것으로 나타났다. 이러한 점은 첫 번째 연구결과에서 제시된 것과 같이 정보기술을 통한 지리적 확장의 극복이 가능하다는 점을 실증적으로 제시하고 있다. 따라서 지리적 분산에 치중한 공급체인 전략추구보다는 자사의 공급기업이나 구매기업과의 정보의 원활한 교환을 추구하고 이를 통하여 성과 향상을 실현해야 한다는 점을 시사하고 있다.

셋째, 공급체인 방향성 경향이 4가지의 균형 성과표(BSC) 각 항목들에 대한 영향력을 파악하였다. 분석 결과에 따르면 재무성과의 경우에는 공급체인이 내부 지향적일수록 높은 성과를 가진다는 점이 파악되었다. 이러한 결과를 전체 경로를 통하여 살펴보면, 공급체인 유형 요소들이 경영성과에 미치는 간접 효과를 통하여 합리적 선정만이 재무성과에 미치는 영향력이 유의한 것으로 나타났다. 결국 품질 기준의 선정 활동과 관련 기업들에 대한 대량 생산을 위한 배려 활동이 공급체인 방향성을 매개로 하여 재무성과에의 긍정적인 효과를 유도한다고 결론 내릴 수 있다.

넷째, 공급체인 유형과 공급체인 방향성 간의 적합성(fit)이 경영성과에 미치는 영향력을 살펴보았다. 통합적 거래구조 공급체인 하에서 내부 지향성을 보이거나 시장거래 구조하에서 외부 지향성을 보이는 경우에는 낮은 적합성을 가지는 것으로 분류하고 반대의 경우에는 높은 적합성을 가지는 것으로 분류하였다. 분석 결과에 따르면 공정성과 외에는 적절하게 공급체인에 대한 환경과 전략을 연계한 기업에서 높은 성과 수준을 보였다.

이러한 연구결과는 단순하게 공급체인을 외부 지향으로 변화시킨다는 점이 경영성과의 향상으로 이어질 수 있는 것은 아니며 공급체인 방향성이 기존 공급체인의 특징인 공급체인 유형 간의 적절성을 바탕으로 할 때 높은 경영성과를 이룰 수 있다는 점을 시사하고 있다.

기존의 공급체인에 대한 연구와 보고서들이 사례 위주의 결과를 제시하고 있어 일선 기업들이 적절한 공급체인을 설계하는 데 한계가 있으나 본 연구를 통하여 실무적인 기여가 있길 바라며 연구조사에 협조해 준 경인지역 벤처기업 협회와 본서의 출간에 도움을 주신 한국학술정보(주) 출판사업팀에 감사를 표한다.

2005년 10월
무학산 기슭의 연구실에서

표 목차

그림 목차

공급기업으로부터의 공급정책을 선호하는 기업 간에 공급기업 선정 기준과 운영 방침 등에는 분명 차이가 있을 것이므로 이들에 대한 연구가 필요하다는 지적이 있다(Swift, 1995).

둘째, 기존연구에서는 공급구조에 대한 성과 척도에 대하여 재무적 성과에 치중하고 있다. 공급체인에 대한 성과 척도는 이외에도 주문당 비용, 단위당 물류비용, 각 기능별 단위당 발생 비용 수준, 자산수익률을 활용하고 있으나 주문 충족시간, 운송 품목 손상률, 커뮤니케이션 수준 등 다양한 요소들을 포괄적으로 다루어야 하기 때문에 단순히 공급기업이나 구매기업의 재무적인 성과라는 단일 차원으로 보기에는 복잡한 구조를 형성하고 있다는 독특성을 가진다.

셋째, 기존연구에서 원가상의 우위추구가 기업 간 연계의 가장 큰 목적으로 알려져 있으나(Leib, 1996), 세분화된 원가 항목을 다루지 못하고 있다. 공급체인과 관련될 수 있는 원가는 제품 가격뿐만 아니라 운송비용과 유지 보수비용, 내부 관리비용들이 통합적으로 이루어져야 할 것이다. 특히 공급체인에 대한 원가측정의 실증연구에서 단위당 구매가격은 구매 활동에서 발생하는 운영비용, 취득비용과는 독립적인 비용 요소로 나타나고 있어, 이들을 독립적으로 보는 연구가 추천되고 있다(Krause 등, 2001).

마지막으로 기존의 연구에서는 공급구조가 성과에 미치는 영향 수준이라든지 제품군별 성과 수준 등의 단일 차원을 고려하여 연구가 진행되어 왔으나(Leenders 등, 1988; Spekman, 1988), 공급구조는 방향성을 지니고 있으므로 기존의 연구결과에 방향성을 통합적으로 다룬 연구가 진행되어야 한다는 필요성이 제기되고 있다.

또한 기존의 공급체인 경영연구들은 대부분이 초일류 기업의

제1장 서 론

제1절 연구배경

제품이나 서비스의 부가가치를 향상하기 위한 아웃소싱(out-sourcing)의 중요성이 부각하면서 전략적 구매 및 조달 활동이 실무와 학술 영역에서 공통된 관심대상으로 등장하고 있다. 이러한 인식에도 불구하고 공급체인 전체에서 긍정적인 성과를 보이지 못하는 것은 아직도 자재나 부품에 대한 사전 구매가 보편적이며 공급체인 내의 각 주체들 간의 의사소통이 원활하지 못하다는 점, 리드타임 변화와 같은 정보의 실시간 교환을 위한 정보통신 설비의 활용 부족이 원인으로 지적되고 있다. 이러한 이유 등으로 공급체인 경영[1](SCM: supply chain management)의 목표는 기업들이 해결해야할 과제로 보아야 할 것이다.

이러한 실무적 한계에도 불구하고 구매기업과 공급기업 간의 연계성에 대한 학술적 연구는 상당 부분 진척되고 있지만 기존의 공급체인 경영에 대한 연구에서도 몇 가지의 한계점이 지적되고 있다.

첫째, 공급기업 선정 기준에 대한 연구를 중심으로 기업이 처한 다양한 상황을 고려한 연구가 이루어지지 못하고 있다. 이러한 점에서 공급구조 측면에서 전체 공급체인에서의 위치(position)와 함께 단일 공급기업으로부터의 공급정책을 선호하는 기업과 다수

---

1) 이하에서는 SCM를 공급체인 경영으로 표기한다.

사례나 개념연구들에 치우쳐있어, 국내 제조기업들의 공급체인 설계와 재설계를 구현하는 데 규범적인 시사점만을 제시한다는 한계를 가진다. 따라서 공급체인 유형과 방향성, 경영성과의 관계에 대한 실증적 연구와 이를 통한 외적 타당성 확보 필요성이 대두되고 있다.

제2절 연구목적과 연구내용

본 연구에서는 효과적인 공급체인 설계를 위한 이론적 바탕을 제시하기 위하여 공급체인 환경에 따르는 기업의 전략적인 대응 노력의 성과를 파악한다. 이러한 연구목적을 수행하기 위하여 본 연구에서는 기존연구의 한계점과 함께 실무적 시사점을 고려하여 다음과 같이 실증분석 한다.

우선 국내 공급구조 현황에 대한 탐색 연구로서 개별 기업의 공급체인에서의 위치에 따른 공급기업 선정을 포함하는 공급체인 유형을 파악하기 위하여 기존연구에서 제기된 개념인 공급기업 관리 지향성(supplier management orientation) 수준을 파악한다. 이를 통하여 최종 구매기업 차원이 아닌 공급기업과 구매기업의 특성을 함께 가지는 기업들을 대상으로 관계성의 수준을 측정하여 공급체인 유형을 파악하고자 한다.

둘째, 공급체인의 적절한 관리 운영 및 설계를 위해서는 적절한 평가관리가 이루어져야 할 것이다. 이를 위하여 공급체인 경영성과를 파악하기 위한 지표로 재무적 성과와 함께 비재무적 성과를 함께 고려하는 균형 성과표를 활용하고자 한다. 공급체인 성과를 파악하기 위해서는 단일 측면의 성과 측정으로는 한계를 가질 수 있기 때문에 균형 성과표는 이러한 한계점을 극복하는 데 유용한 도구가 될 것으로 기대된다. 특히 공급기업들의 경우에는 네트워크 구조를 가지는 공급체인의 하부 구성원들이므로 다양한 측정 도구의 개발이 필요하다는 점을 고려한 것이다.

셋째, 공급체인 구조를 파악하기 위하여 환경적 측면인 공급체인 유형과 함께 기업 간 물리적 근접성을 통한 지리적 분산성을 함께 파악하고자 한다. 이러한 공급체인 유형과 지리적 분산성은 개별 기업이 속한 공급체인의 특성을 파악하기 위함이다.

또한 기업 간 관계 수준 및 강도 등의 다양한 요소들을 바탕으로 공급체인 방향성을 체계적인 연구방법을 통하여 파악하고자 한다. 공급체인 방향성은 공급체인 유형과는 달리 개별 기업이 기업 간 관계 설정을 위한 노력의 특성을 의미한다는 점에서 전략적 측면을 의미한다. 이러한 기업 간 관계와 방향성을 분류하는 절차는 향후 유사연구를 위한 토대를 제공하기 위함이다.

넷째, 환경에 대한 기업들의 적극적 대응 노력이라고 할 수 있는 공급체인 전략의 유효성을 파악하기 위하여 공급체인 경영구조에 따른 경영성과와 공급체인 방향성에 따른 경영성과를 함께 파악하고자 한다. 여기에서 공급체인 경영구조는 개별 기업이 속한 공급체인의 정형화된 형태를 의미하므로 통제가능성은 미약하다고 볼 수 있다. 따라서 개별 기업 각각은 수동적 형태로 소속되어 있다고 보아야 할 것이다. 반면에 공급체인 방향성은 개별 기업이 관계기업과의 관계성을 확보, 유지하기 위한 노력과 투자 활동 등을 포함하고 있으므로 능동적 입장의 주체라고 볼 수 있다. 따라서 공급체인 유형은 각 기업이 처한 환경이라고 볼 수 있고 공급체인 방향성은 전략이 된다. 이들 간의 적합성에 따라 경영성과에 어떠한 차이점을 가지는지 파악한다. 이러한 적합성을 활용한 대표적인 연구로는 공정과 기술 간의 적합성을 연구한 Narasimhan 등(2001)의 연구가 있는데 본 연구에서도 관계경로상의 구체적 탐색을 위하여 적합성을 활용한다.

마지막으로 척도 정화절차에서 전통적인 Nunnally(1978), Anderson 등(1982)의 개념 타당화 절차와는 상이한 방법으로서 Garver 등(1999)이 제시한 절차를 바탕으로 문항의 신뢰성과 타당성을 파악한다. 이러한 과정을 통하여 기존의 실증연구 실행에 한계점을 가진 공급체인 관련 연구의 바탕을 제시하고자 한다.

제3절 연구범위

공급체인의 구조와 성과를 세밀하게 파악하기 위하여 본 연구에서의 국내 벤처 제조기업들을 대상으로 분석을 실시하였다. 이하에서는 이들을 연구대상으로 선정한 이유를 제시하였다.

첫째, 벤처 제조기업을 연구대상으로 선정한 것은 Heide 등(1990)과 Noordewier 등(1990)에 의해 제기된 것처럼 특이 자산이나 기술적 불확실성이 확실하게 나타나는 경우에 기업 간 상호관계의 긴밀성이 성과에 유의한 영향력을 미치게 된다는 점을 고려한 것이다. 즉 벤처기업들은 대부분 중소기업이며 기술적 특화를 목표로 하고 있어 기업 간 관계를 파악하는 데 더욱 적절할 것으로 보인다.

둘째, 상당의 기존연구들이 최종 구매기업을 대상으로 하고 있어 규범적 측정치를 유도한다는 한계점을 가졌다. 즉 구매기업들을 대상으로 공급체인 구조와 성과를 파악하고 있어 자의적 결과를 유도할 수 있는 가능성을 가진다. 그러나 벤처 제조기업들은 최종 조립기업과 원자재 생산기업의 중간 단계에 위치하고 있기 때문에 연구결과의 일반화에 유용할 것이라는 점을 반영하였다.

셋째, 구매기업을 대상으로 하는 경우에 공급구조의 방향성이 한정될 가능성이 있다. 미국의 자동차 기업들을 대상으로 실시한 연구에서 간접조달 기업들과 직접조달 기업들에게서 공급체인에서의 의사결정 기준과 목표가 상이한 것으로 나타나고 있어 획일적 판단은 오류를 가질 수 있다(Bamfort, 1994)는 점을 고려하였다.

넷째, 벤처 제조기업들을 대상으로 하고 있어 다양한 산업군이 연구대상에 포함될 것으로 기대되어 연구결과의 일반화에 기여할 것으로 예상되었다. 또한 제조업 위주의 선정을 통하여 공급구조에서 다양한 단계에 위치할 것으로 예상할 수 있다.

다섯째, 공급구조 유형의 파악에서 공급기업과 구매기업으로서의 성격을 함께 가진 기업들을 대상으로 하고 있어 양 차원의 응답을 통합함으로써 단일 차원에 의한 측정에 비하여 공급체인 구조와 성과 측정에 정확성을 가질 것으로 기대된다.

마지막으로 공급체인의 특성상 다수 기능의 통합적 요소들에 대한 측정이 이루어져야 하므로 최고 경영자에 의한 측정이 이루어져야 하기에 벤처 제조기업은 이러한 요구를 충족할 것으로 보인다.

제2장 이론적 배경

제1절 공급체인 경영과 공급기업의 역할

공급체인 경영의 관리대상은 원자재에서부터 최종 소비자에게 제품이 인도되는 전 과정을 그 대상으로 하고 있다. 따라서 원자재 생산기업에서 도매, 소매기업들에게까지 그 영역은 상당히 넓다. 모든 운송기업들은 당연히 포함되며, 보관, 정보처리, 자재관리 기업들이 이 영역에 포함되고 있다. 공급체인 경영을 통하여 실행되고 있는 활동들은 구매 및 조달 활동, 생산 일정계획, 제조 활동, 주문 처리 활동, 재고 관리 활동, 저장, 고객 서비스 활동을 포괄하고 있다.

1. 공급체인 관리의 등장 배경

공급체인 경영이 등장한 것은 단일기업 내뿐만 아니라 기업 간 관계의 복잡성에 기인한다(Davis, 1993). 이러한 복잡성의 가장 주된 원인은 경로상의 복잡성과 함께 운반도구의 이질성으로 대표될 수 있다. 이에 따라 늦은 배달, 고장, 주문 취소가 발생하고 재고의 보유 필요성이 나타나게 된다. 전체적으로 관계의 다양성에 따른 불확실성의 문제가 되고 있다. 단일의 제품을 생산하는 경우에는 상대적으로 각종의 재고를 보유함으로서 어느 정도까지는 해결을 할 수 있으나 이러한 양상이 전체 네트워크로 확장되는 경우에는 그 복잡성이 더욱 증가하게 된다.

불확실한 정보와 방향을 정확하게 예측한다는 것은 개별 기업의 입장에서는 상당히 어려운 문제이므로 전체 경로상에서 어느 지점에서 재고를 얼마나 보유해야하는가의 의사결정은 모든 기업들이 당면한 가장 큰 문제점이라고 할 수 있다. 이러한 상황에서 재고수준을 감소시키고 고객 서비스 수준을 향상해야만 하는 현 시장 상황을 고려하여 다양한 경로상의 기업들이 서로 협력을 해야 한다는 요구가 공급체인 경영의 등장 배경이 된다.

2. 공급체인 경영의 특징

공급체인 경영은 기업 간의 관계, 정보흐름, 자재 흐름에 초점을 두고 있으며 이의 궁극적인 목표는 원가의 절감과 원활한 정보와 자재 흐름의 강화라고 할 수 있다.

공급체인 경영을 추구하고 있는 기업들은 배송, 조달, 개별 기업 운영 활동, 마케팅 기능들을 통합하고 있으며 이를 통하여 자재, 정보, 각 구성부품, 완제품의 흐름이 끊어지지 않고 이루어지도록 도모하고 이를 통한 원가의 절감, 높은 수준의 서비스 제공을 추구하고 있다.

공급체인 경영을 수행하는 데 있어 가장 중요한 측면은 기업 간 협력과 관계의 유지라고 할 수 있는데 이들이 충분하지 않은 경우에는 통합을 기대할 수 없다. 계획 수립 활동에서의 협력이나 원활한 의사소통을 위하여 기업 내 각 기능뿐만 아니라 타 기업과의 원활한 관계를 형성하기 위하여 팀제 운영을 실시하는 것도 기업 관계를 제고하기 위함이다.

공급체인 경영의 등장은 구매 활동과 공급기업에 대한 인식의 변화를 유도하고 있으며 특히 구매 활동의 전략적 중요성에 대한 새로운 인식이 구체적으로 나타나고 있다(Spekman과 Hill, 1980; Narasimhan과 Das, 1999). 시장의 확대는 기업들로 하여금 이러한 인식을 고착화하는 데 결정적인 역할을 하였다. 더욱이 기업들이 핵심역량에 대한 투자 확대와 비핵심역량에 대한 대외의존도 증가 경향은 외부 기업과의 관계성을 강화하여 부품이나 서비스의 아웃소싱 수준을 확대하였다. Porter(1986)의 가치사슬 모형에서도 구매기능의 역할을 강조하였으며 공급기업 관리가 경쟁력 구축에 중요하다는 점을 지적하였다.

제조기업이 양질의 제품을 낮은 가격으로 고객들에게 제공하여 고객가치를 실현하고자 할수록 공급기업 관리가 쟁점이 되고 있는데 이러한 이유는 가격 경쟁력과 제품의 신뢰성, 원가의 절감, 신제품개발 기간의 단축 등을 실현하기 위해서는 필연적이기 때문이다(Monczka 등, 1998).

3. 공급기업의 중요성

공급기업 관리의 중요성이 부각되고 있지만, 기업 간의 모든 관계 수준에서 동일한 기준으로의 접근은 오류를 범할 수 있는 여지를 남기고 있다. 따라서 구매기업의 입장에서는 공급기업의 단계별 중요 의사결정 기준에 대한 차별적 접근이 필요하다.

선진화된 제조 환경에서 상당의 품질, 원가, 인도의 통제 영역이 공급기업의 영역으로 이양이 되고 있어 과거에는 최종 제조기업의 책임영역에 해당을 하던 기능들에 변화가 일어나고 있다. 따라서 공급기업이 부품이나 자재에 대한 생산에 직접적인 책임을 지고 생산 활동을 수행하는 것이 일반화되고 있다(Gattorna, 1998).

그러므로 최종 제조기업들이 직접 공급기업을 선정하고 이들과 어떠한 관계를 유지하는가 하는 점이 중요 쟁점사항으로 등장하여 최근의 최종 조립기업들은 공급기업이 생산 공정에 대한 지식을 확보하면서 제품 설계능력을 가진 기업을 공급업체로 물색하고 있는 실정이다. 특히 Cusumano와 Takeishi의 연구(1991)에서는 자동차 기업들을 중심으로 제품의 설계능력이 중요한 공급업체 선정 요소로 보았고 실증적으로 입증되었다.

그러나 직접 공급업체들의 생산능력과 최종 조립품에 대한 책임의 증가에도 불구하고 이러한 공급업체의 선정이 그들이 선정한 공급업체에 어떠한 영향력을 미치는가에 대해서는 구체적으로 인식을 하지 못하고 있다. 상당수의 최종 조립기업들이 부품 공급업체들에 대하여 높은 수준의 기술 수준 확보를 요구하고 있기는 하지만, 실제로 최종 조립업체나 직접 공급업체들이 간접 공급업체를 선정하는 데 있어 이러한 기준들을 적절하게 활용을 하고 있는지에 대해서는 다수의 이견들이 나타나고 있다. Bamford(1994)는 최종 조립업체들이 활용하는 직접 공급업체 선정 기준들이 아직은 직접 공급업체들이 간접 공급업체를 선정하는 단계로는 이어지지 못한다고 주장하였다. 이러한 측면에서 Womack 등(1990)은 간접 공급업체들의 경우에는 린-생산방식(lean production)과 같은 새로운 생산기법에 대해서도 제대로 알지 못한다고 주장하고, 더욱이 최종 조립업체가 아니라 직접 공급업체에 부품을 공급하는 간접 공급업체들의 경우에는 가격이 가장 중요한 업체 선정의 기준이 되고 있는 개방 시장(open market)의 특징을 보인다고 지적하였다. 이러한 양상은 다음의 【그림 1】을 통하여 구체적으로 제기할 수 있을 것이다.

【그림 1】공급체인 단계별 중요 경쟁요소

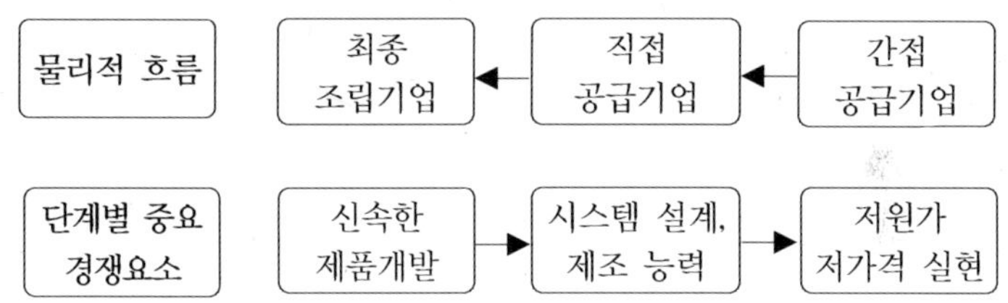

즉 자재의 흐름과 반대 방향으로 나타나는 경쟁요소를 바탕으로 공급기업을 선정한다고 볼 수 있다. 상대적으로 공급체인의 역할이 중요한 조립산업의 경우에 공급업체의 선정은 중요한 요소임에도 불구하고 직접, 간접 공급업체에 대하여 구매 관리자들에 의해 이루어지는 업체 선정 활동은 단편적으로 이루어지고 있는 실정이다. 그리고 원자재 생산 단계로 올라갈수록 공급업체 선정을 전략적으로 고려하는 바가 미약하며, 일반적으로 공용화된 부품을 경쟁 시장에서 구매를 하는 경우가 대부분이므로 아직도 가격이 중요한 간접 공급업체 선정의 주요인이라고 볼 수 있다.

이러한 점들은 공급체인에 위치하는 각 단계별로 전혀 다른 공급업체 선정 기준이 존재할 것이라는 짐작을 가능하게 한다. 특히 설계능력과 장기적인 관계 설정, 초기 가격 등에 있어서 기업 관계 유형에 따른 차이점이 나타날 것으로 볼 수 있다.

제2절 공급체인 구조

본 절에서는 공급체인의 구조 파악을 위하여 전통적인 기업 관계 이론의 고찰과 함께 본 연구에서 공급체인의 구조 파악을 위하여 활용하고 있는 공급체인 유형과 지리적 분산성에 대하여 기존연구를 제시하였다.

1. 거래비용 이론

공급체인 구조에 대한 이론적 고찰을 하기에 앞서 기업 관계에 대한 일반 이론을 먼저 고찰하였다. 따라서 기업 간 구조에 따른 경영성과의 차이 수준을 파악하기 위한 본 연구의 목적을 충족하기 위하여 기업 간 구조의 전통적 이론인 거래비용이론의 개념과 거래비용을 발생시키는 요인들과 관련 연구들을 중심으로 선행 연구들을 살펴보기로 한다.

1) 거래비용 이론의 전개

신고전경제학자들에 의하면 시장기구를 통한 교환행위는 아무런 비용이 수반되지 않는다고 보았다. 이들에게 있어서 비용이란 물건을 생산하는 데 드는 비용, 즉 생산비용만이 있을 뿐 시장의 교환에는 아무런 비용이 수반되지 않는다고 본 것이다. 신고전학파의 완전경쟁시장에서는 모든 교환행위는 즉각적이고 1회 거래로서 완결된다, 완전한 계약에 의해서 거래가 이루어지며 가격기구를 이용하는 데는 아무런 비용이 들지 않는다고 보았다.

이러한 주장에 반하는 이론이 신제도경제학파의 주장이다. 신제도 경제학에 의하면 실제로 여러 가지의 비용이 수반된다는 것이다. 이들의 주장에 따르면 가격 기구를 이용하여 경제행위를 하기 위해서는 계약자를 찾고, 계약자와 협상을 하여 계약을 체결해야하며 이의 이행을 감시하기 위하여 정보비용, 행정비용, 법률비용이 든다고 보았다. 이와 같은 교환행위와 관련된 비용을 거래비용(transaction cost)이라 하였다. 따라서 기업이 존재하는 이유도 기업이라는 제도에 의해 경제행위를 하는 것이 시장기구를 통해 거래를 하는 것에 비하여 경제적이기 때문이라고 보았다(홍의, 2001).

기업이 왜 존재하는가에 대한 이론적 근거를 제시하기 위하여 시작된 거래비용의 개념은 재산권 제도의 분석에까지 적용되었으며 최근에는 경제발전의 일반이론에까지 확대되고 있다. 이와 같이 거래비용은 여러 방면에서 중요한 개념으로 적용되고 있으나 이 개념에 대하여 학자들 간의 이견이 상존하고 있다.

Griesinger(1990)에 의하면 경제발전과 제도변화는 밀접한 관계가 있고 제도변화는 거래비용에 크게 영향을 미친다고 보았다. 경제가 발전하게 되면 시장의 규모가 커지고 교환행위도 증대하게 되는데 이는 제도의 변화를 유도하게 되고 많은 자원의 투입으로 나타나는 거래비용을 야기하게 되는 것이다. 따라서 거래비용의 추계는 경제발전과 제도와의 관계를 규명하는 데 매우 중요한 자료를 제공하고 있다. 그러나 거래비용을 실제 산정한다는 것은 매우 어려운 작업이다. 그 이유는 거래비용의 정확한 개념을 구체화한다는 것이 쉬운 일이 아니며 기존의 통계자료를 통하여 거래비용을 정확하게 포착하는 것이 어렵기 때문이다.

신고전주의 경제학자들에 이어서, Williamson(1978, 1985)과 대리이론의 학자들에 의해서 거래비용이 발생하는 원인은 다름 아닌 거래 대상자들의 제한된 합리성 때문이라는 것이 알려졌다. 하지만 제한된 합리성(bounded rationality)은 거래비용을 발생시키는 필요조건은 되지만 충분조건은 되지 못한다는 시각이 제기되었다. 다시 말해 거래당사자가 설혹 합리성이 부족하다고 하더라도 거래 쌍방이 서로를 신뢰한다면 문제는 자연스럽게 감소될 수 있지만, 그보다는 인간의 본성이라고 할 수 있는 기회주의(opportunism)로 인하여 합리성이 제한되고 그 결과 거래비용이 발생한다는 것이다.

제한된 합리성과 기회주의라는 인간행동에 대한 가정만으로 거래비용의 발생 원인이 모두 설명되는 것은 아니고 교환의 대상이 재화나 용역과 같은 자산의 특유성의 차이에 따라서도 거래비용은 달라질 수 있다. 예컨대, 거래되는 자산이 현재 거래에만 특유하여 차후에 사용되기 어려운 경우도 있을 수 있고, 자산이나 거래의 성과를 측정하기가 어려운 거래비용이 발생한다는 것이다.

그밖에도 거래비용을 시스템을 운영하는 데 소요되는 비용이라고 정의하는데 여기에서 말하는 시스템이란 조직을 의미하며 구체적으로 거래비용은 협상, 정보수집 및 처리, 계약준수감시 등의 요인으로 발생되는 비용을 의미한다(신유근 등 1987). 그밖에 거래 파트너의 교체로 인한 교체비용이 여기에 포함되는데 이는 특히 산업재 거래의 경우 납기, 품질, 가격 등이 중요하기 때문에 소비재에 비하여 상대적으로 중요한 의미를 갖는다고 할 수 있다(전인수, 1992).

이상에서 살펴본 것처럼 거래비용에 대해서 다양한 시각들이 존재하는데 이러한 거래비용을 발생시키는 요인도 이에 못지않게 여러 가지인 것으로 알려져 있다.

2) 거래비용의 발생요인

거래비용이론에 의하면 기업들이 거래관계를 내부화하는 주된 이유는 시장거래에 따른 거래비용이 증가하기 때문이라고 보았다. 그러나 거래비용은 또 다시 여러 요인들에 의해 증가되는 것으로 알려져 있다. 거래비용 이론의 체계를 확립한 Williamson(1978, 1982, 1985)은 이러한 거래비용의 발생 원인을 다음과 같이 밝히고 있다.

(1) 외적요인

① 제한된 합리성

전통적인 경제학에서는 인간의 합리성에 따라 모든 판단과 행위를 한다고 가정한다. 그러나 앞에서 언급한 것과 같이 인간은 본질적으로 그가 가지고 있는 능력의 관점에서나 혹은 그가 처한 환경, 즉 제한된 정보 등과 같은 관점에서 최선의 행동과 판단을 하는 데 제약을 받는 것이 사실이다. 경우에 따라서 인간은 합리

적인 판단을 위한 모든 여건이 갖추어졌더라고 하더라도 항상 이
상적인 판단에 의해 행동하는 것이 아니라 감정에 따라 행동하기
때문에 합리적으로 행동하려는 의도를 가지고 있다고 하더라도
실제적으로 그가 행동하는 것은 제한된 범위 내에서 합리적일 수
없게 된다. 이러한 상황을 제한적 합리성(bounded rationality)이
라고 한다.

기업이 거래 파트너를 선정하는 데 있어서 합리적인 선택을 하
는 것도 같은 맥락에서 이해할 수 있다. 기업이 거래라는 현상을
접하는 데 있어서 할 수 있는 최선의 선택이란 최소의 비용으로
좋은 원료와 부품을 공급받고 마찬가지로 최소의 비용으로 자사
의 제품을 유통시키게 되면 시장에서 경쟁기업에 비해 더 나은
경쟁력을 확보할 수 있을 뿐만 아니라 더 저렴한 가격으로 고객
에게 원하는 제품을 제공할 수 있기 때문에 가격 면에서 이점을
얻을 수 있게 되는 것이다.

Griesinger(1980)에 의하면 인간은 정보처리능력이 제한되어 있
어 합리성에 제한을 받는다고 하였다. 그 결과 소비자의 정보에
대한 지각은 포괄적이지 못하고 선택적이며 동시에 많은 정보를
처리하지 못하고 정신적 노력을 덜기 위한 간단한 절차를 사용하
기 때문에 컴퓨터와 달리 기억에 한계가 나타나게 되며 나름대로
자기 방식에 의해 기억하는 특성을 갖는다고 했다.

② 기회주의

기회주의(opportunism)란 인간의 사리추구 경향 중 가장 대표
적인 현상으로, '속임수로 사리를 추구하는 것'으로 개념화할 수
있다. 구체적으로 거래 파트너가 자신을 이익을 추구하기 위해 거

래에 관련된 정보를 왜곡하거나 잘못된 정보를 제공, 또는 지나친 가격협상 등과 같은 행위를 하는 것을 의미한다.

Griesinger(1990)는 기회주의는 형태를 부정적, 즉 거래에 심각하게 영향을 미치는 정보의 비공개, 불이행으로 보았다. 이는 거래관계나 약속의 일방적인 폐기 또는 불이행, 그리고 책임회피, 다시 말해 문제의 원인에 대한 책임전가라고 정리할 수 있다. 만일 인간에게 이와 같은 기회주의적 성향이 없다면 모든 거래는 시장기구에 의해 이루어짐으로써 이익의 극대화가 가능하게 되고 거래에 참여한 당사자들 간에 분쟁의 소지도 없어지게 된다는 것이다. 다시 말해 경쟁이 이루어지고 시장 정보가 효율적으로 이전되는 시장에서는 거래조정, 관리, 정보탐색, 협상 등에 따른 거래비용이 거의 발생하지 않으며, 가격기능에 의해 자원의 최적배분이 이루어진다는 것이다.

그러나 기회주의라는 인적 요인이 거래에 영향을 미치는 상황에서는 가격이 외부효과를 적절히 반영할 수 없게 되어 거래비용이 상승하게 되고 자원배분의 비효율성이 나타나게 된다. 그 결과 시장기능이 마비되는 시장실패 현상이 나타나게 된다. 거래관계에서 거래 파트너가 기회주의를 발휘하게 되면 기업은 합리적인 판단을 할 수 없게 되기 때문에 그 거래 파트너와 거래하는 데 비용이 발생하게 된다.

(2) 환경적 요인

인간적인 요인만으로 거래비용이 증가되는 것은 아니다. 실질적으로 인적 요인들이 활동하기 위해서는 이러한 인적 요인들을 유발시키는 환경적인 요인들이 필요하다.

① 거래자의 수

거래 파트너가 기회주의적 행동을 하는 경향이 높을 때, 기업이 그 기회주의를 통제할 수 있는 충분한 능력이나 대안을 가지고 있다면, 기회주의는 발휘될 수 없게 되고, 경우에 따라서는 다른 대안을 선택할 수도 있다. 그러나 그렇지 못할 경우 기업은 그 거래관계를 지속하는 데 많은 비용이 들게 된다. 반대의 경우도 마찬가지이다. 거래자의 수가 적을 때, 거래에 참여하고 있는 거래자들은 자신들의 권력을 이용하여 이익을 극대화하기 위하여 기회주의적인 행동을 하게 되고 이 때문에 거래비용이 발생하게 된다. 이러한 상황에서 기업들은 거래비용을 줄이기 위해 거래를 내부화하게 된다.

② 정보의 비대칭

정보의 비대칭이란 파트너와의 관계에서 정보가 한쪽에만 편중되어 있는 현상을 말한다. 정보의 밀집성이라고도 하는데 정보가 한쪽으로 치우쳐있으면 거래 상대방은 그 정보를 얻기 위해 대가를 지불하게 되고 이는 곧 거래비용의 증가로 이어지게 된다. 정보의 밀집성은 대체로 거래 전 정보 밀집성과 거래 후 정보 밀집성으로 구분된다(신유근, 1987).

거래 전 정보 밀집성은 거래를 위한 협상을 할 때 제품에 대한 정보를 아는 한쪽이 독점하고 있는 경우 발생하며, 거래 후 정보 밀집성은 거래가 개시되고 난 후에 어느 한쪽이 제품에 대한 정보를 독점하고 있는 경우를 의미한다. 정보의 비대칭성은 최선의 거래를 하기 위하여 거래관련 정보가 필요한 거래 당사자에게 비용을 발생시키며 거래자들은 정보의 비대칭성으로 인해 발생하는 거래비용을 줄이기 위해 거래를 내부화하려고 한다.

③ 환경의 불확실성

거래활동을 둘러싼 환경의 불확실성도 거래비용을 증가시키는 중요한 요인으로 자리 잡고 있다. 불확실성은 거래상대의 기회주의적 행동을 매개로 하여 거래비용을 발생시킨다. 이런 점에서 불확실성은 파트너의 행동에 대한 예측불가능성 또는 다른 조직으로부터 자원을 획득하는 데 따른 가변성과 복잡성으로 정의되고 있다. 불확실성의 발생 원인은 상대기업의 전략적인 의도에 의해 발생되는 전략적 불확실성과 상대기업의 전략적 의도가 없이 환경의 변동성과 다양성에 의해 발생되는 비전략적 불확실성이라는 두 가지의 유형이 있다(Aldrich, 1979).

전략적인 의도가 없이 주변상황에 의해 발생되는 환경에 대한 불확실성이란 환경의 다양성과 변동성을 말하는데, 환경의 다양성은 상황의 불확실성을 발생시키는 이질적인 다양한 원천에 기인한 불확실성을 의미한다. 즉 높은 다양성을 갖춘 상황에서의 거래는 많은 고객, 많은 최종사용자, 많은 경쟁자를 갖게 되지만, 거래 당사자들은 이들의 다양한 주체들에 대한 정보를 획득하고 처리하는 데 어려움을 겪게 된다.

환경의 변동성은 거래 상황의 급속한 변화로 인한 불확실성을 말한다. 상황의 높은 가변성은 장래성과의 예측을 어렵게 만들어 계약서 작성 과정에서 문제를 일으키게 된다. 그 이유는 예측 불가능한 상황이 발생하면 시장계약은 기회주의적인 성향을 보이는

쪽이 계약 조항을 자신에게 유리하게 해석하려 할 수 있기 때문에 가변적인 환경에 적응하는 데 제약이 발생한다. 이러한 환경의 불확실성하에서 의사결정을 하는 경우 기업은 정확한 판단을 할 수 없게 되고, 이 때문에 거래비용이 발생하게 된다.

(3) 거래적 요인

① 거래특이자산

거래특이자산은 자산 특유성 혹은 특이 자산이라고도 불리는데, 특정 거래 파트너와의 특정 거래를 위해 투자된 자산을 의미하는 것으로 그 파트너와의 거래관계가 종료되면 소멸되는 자산이다. Williamson(1985)은 거래특이자산을 물적 자산 특유성, 인적 자산 특유성, 입지 특유성 등으로 구분하였다. 거래특이자산이 많을수록 파트너의 기회주의적 행동에 대해 방어할 수 있는 대안이 줄어들게 된다. 그 이유는 이미 그 파트너와의 거래를 위해 많은 자산이 투입되었기 때문에 그 파트너가 보여주는 기회주의적 행동에 의해 거래를 종료하게 되면 투자된 자산만큼 손해를 보게 되기 때문이다.

거래특이자산은 대개 독특하거나 유일하며 새로 획득하거나 대체가 불가능한 특성을 가지고 있으며, 특성이 강한 자산이기에 정해진 용도 외에는 사용하기 힘들다. 설사 다른 용도로 사용할 수 있다하여도 원래의 가치가 크게 떨어지기 때문에 시장에서의 처분이 불가능하다. 특정 작업을 위한 기능이나 특정 모델을 위해 설계된 기계설비가 여기에 속한다. 이런 점에서 자산에 대한 투자는 특정 용도의 거래를 위해서 원가절감효과가 크지만, 다른 용도로의 전용이 불가능하다는 상충적 특성 때문에 위험을 수반하게 된다.

거래특이자산은 결국 교체비용과 밀접한 관계를 가지게 된다. 거래특이자산의 수준이 높아지면 거래 파트너를 변경하는 경우 모든 자산의 가치가 떨어지고 새로운 파트너를 발견하는 데도 추가의 비용이 발생한다.

② 성과의 계측성

성과의 측정 가능성 여부인 성과 계측성도 거래비용을 발생시키는 한 가지 원인이 된다. 만약 거래 파트너의 성과를 제대로 측정할 수 없다면 그들의 기회주의적 행동이 유발될 가능성이 높아져 거래비용이 증가하게 된다.

계측성에 대한 개념은 Alchian과 Demsetz(1972)가 제시한 대리이론에 제시되어 있다. 업무의 불가분성이 높아지는 경우에는 각 생산요소들의 개별적 생산성을 측정하기 어렵고 따라서 성과를 할당하는 데도 오류가 발생할 수 있다는 것이다. 이는 성과 모호성이란 표현으로 활용되고 있는데 거래 자산이 복잡하고 평가를 위해 오랜 시간이 소요되며 성과에 대한 인과관계의 설정이 어려운 경우를 의미한다(Bowen과 Jones, 1986).

모호성은 조직이론에서 거래비용 발생의 중요요인으로 지적되고 있는데, 보다 구체적이고 복잡하며 눈에 잘 나타나지 않는 경우에 모호성이 증가된다고 보고 있으며, 복잡성과 인과관계 설정의 어려움에 따라 모호성이 결정된다고 보기도 한다(Bowen과 Jones, 1986).

③ 거래빈도

자산 특유성으로 인해 거래가 내부화되는 경우 편익은 크지만 반면 비용이 많이 들기 때문에 거래구조를 결정하는 경우 그 거래가 어느 정도의 빈도로 발생하는 지를 고려해야 한다. 다시 말해 특유화된 자산을 사용하는 경우 내부거래를 함으로써 거래비용을 절약할 수 있는 한편 시장거래에서 얻을 수 있는 효과, 즉 규모의 경제는 달성할 수 없기 때문에 거래구조를 결정하는 경우 반드시 이 두 가지의 요인을 모두 고려해야 한다. 발생빈도가 높은 거래의 경우는 내부화에 따른 편익을 즐기면서 소유에 따른 비용을 최소화할 수 있으므로 시장거래에 따른 비용절감효과를 상쇄할 수 있게 되어 내부화가 유리해 진다는 것이다.

2. 공급체인 유형

공급체인 경영상에서의 구매기업들에게 가치를 제공한다는 것은 낮은 가격으로 유연성 있게 조달 활동을 수행한다는 것이다. 이러한 면은 수직적으로 공급체인 파트너들을 어떻게 연계할 것인가의 문제로 귀결된다. 공급체인 유형의 선택에 대한 이론적인 유형은 TCA 이론을 바탕으로 하고 있다.

전통적으로 TCA 이론을 활용하여 수직적 통합(vertical integration)과 시장거래 유형(market exchange)을 대표적인 공급체인 유형으로 보았는데, 이러한 두 가지의 극단적인 공급체인 유형만으로 모든 기업 관계를 설명한다는 것은 어렵고 실현가능성이 낮으며, 실무적 시사점 제공에도 한계를 가지기 때문에 통합적 공급체인 유형(hybrid-integrative governance)이 등장하였다. 이에 대하여 TCA 이론을 정립한 Williamson(1985)은 '신뢰할 수 있는 합의(credible commitment)'가 중요한 기업 간 유형이라고 칭하였고 상호간이 관계를 지속시키기 위한 관계의 지속을 위한 안전장치 역할을 강조하였다. 예를 들어 구매기업들이 장기적인 거래관계를 원하는 경우에 낮은 가격을 제시하는 공급기업의 태도가 이에 속한다. 또한 고객화된 투자를 전제로 한다는 특징을 가진다. 이러한 특징을 고려하여 공급체인의 파트너들이 거래를 통한 자사의 득실을 전략적으로 판단할 수 있게 된다고 하여 Williamson은 기업 간 관계 설정과 계약을 실행하는 경우에 자사의 득실을 충분히 고려한 '계산적 의사결정'의 중요성을 함께 강조하였다. 그러나 신뢰할 수 있는 계약분야에 대한 연구는 주로 법률체계에 의존함으로써 경제체계에 대한 고려가 이루어지지 않았다고 지적하고 이에 대한 연구가 이루어져야 한다고 문제제기 하였다.

Williamson은 또한 통합적 공급체인 유형에서 파트너십을 유지하고 보호할 수 있는 방법으로 '계약적 동의(contractual agreement)'를 제시하였다. 세부적인 계약내용에는 거래관계를 통해 기대되는 구체적인 기대성과가 제시되어야 하고 거래 위반 시의 처벌 조치에 대해서도 언급을 하고 있어야하며 환경 변화로 인하여 계약내용이 변화하는 경우에 어떻게 대처해야할 것인가에 대하여 기술하고 있어야 한다고 지적하였다.

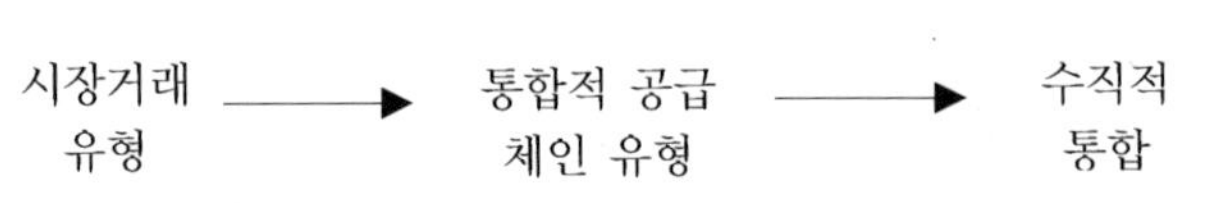

【그림 2】 공급체인 유형의 단계

이러한 점들을 고려한다면 통합적 공급체인 유형은 계약에 의해서 기업 관계를 보호해야 하는 계산적 의사결정 수준이 낮으며 연합 등과 같은 긴밀한 관계를 통하여 합의(commitment)를 형성하고 이를 통한 관계 유지노력 수준이 높다는 점이 타 기업 간 유형과는 차이점이라고 할 수 있다. 즉 관계의 합의를 위한 계약의 역할을 강조한 것이다. 통합적 공급체인 유형을 통하여 기업들은 상호 의존성을 형성하게 되고 이를 통하여 기업들은 상대에 대한 신뢰를 가지게 된다. 이러한 통합적 공급체인 유형은 기존 유통 경로에서의 네트워크 유형과 유사성을 가진다.

통합적 공급체인 유형에서의 상호 의존성은 두 가지의 방향으로 나타나게 되는데 (1) 순수한 시장거래에서 볼 수 있는 가격에 의한 통제보다도 더욱 엄격한 통제를 가하기 위한 목적으로 구체적인 계약을 하는 단일 측면과 (2) 파트너를 결속하는 계약으로서 연합적 관계와 신뢰가 형성되어 있는 경우의 쌍방향 측면이 그것들이다.

거래비용은 어떠한 공급체인 유형화 전략이 가장 뛰어난가를 파악하는 데 있어 원가 측면으로의 고려 요소가 된다. 거래비용은 파트너 간의 관계를 보호하기 위한 직접적 원가와 함께 최적의 공급체인 유형화 전략을 구축하지 못함에 따른 기회비용을 포함한다. 이러한 몇 가지의 요소들을 고려하여 거래의 내부화 기준만을 고려한다면【그림 2】와 같은 공급체인 유형의 변화 방향을 제시할 수 있을 것이다.

1) 수직적 통합

기업 간 거래비용을 줄이기 위한 대표적인 방안은 거래를 내부화하는 것이다. 거래의 내부 조직화는 기업 간 거래비용 발생 시 한 기업을 다른 한 기업내부로 수직 통합하는 것을 의미한다. 기업이 필요 품목을 자체 생산할 것인가 아니면 구매할 것인가를 선택 시 거래비용을 고려하여 거래비용의 크기에 따라 행하는데 이때 수직적 통합(vertical integration governance)이 최선의 대안으로 고려되는 것이 일반적이다. 이는 수직적 통합의 효율성 측면을 강조한 것이라고 볼 수 있다.

수직적 통합의 효율성을 강조하는 현재까지의 흐름은 기술적 요인에 의해 통합이 이루어진다는 점을 전제한 것이다. 즉 수직적 생산단계 간의 기술적 상호 의존성(technological interdependence) 때문에 비용을 절감하기 위하여 생산의 연속적 단계가 같은 장소에서 일어나 생산 공정상의 시차에 대한 지장 없이 이루어지거나 또는 동일한 계획과 관리하에 이루어져야하므로 수직 통합이 발생한다는 것이다.

그러나 이에 대하여 Williamson(1985)은 다른 모든 기술보다 우수한 기술이 하나 존재하고 기술독점이 이루어지는 경우에만 가능한 경우라고 반박하고 수직 통합의 근본적인 원인은 거래비용임을 강조하였다. 시장에서의 거래비용이 내부조직화에 따르는 비용보다 클 때 수직적 통합이 이루어진다는 것이다.

수직적 통합에 의해 거래비용의 발생요인인 제한된 합리성, 기회주의, 불확실성, 거래 소수성, 정보편재성의 극복은 다음의 논리를 따르는 경우에 가능하다고 보았다.

첫째, 제한된 합리성은 의사결정의 전문화와 의사소통에 따른 비용을 절감함으로써 이루어진다, 둘째, 기회주의에 대해서는 추가적인 통제기술을 선택적 방식으로 사용함으로써 가능해진다. 셋째, 불확실성에 대해서는 관련된 단위 간 예측치 못한 우연적 사건에 하나의 조절방식을 적응시켜 조직 내의 불확실성을 흡수함으로써 가능해진다. 넷째, 거래 소수성에 대해서는 명령에 의함으로써 가능해진다. 다섯째, 정보 편재성에 대해서는 조직력을 감사 수행에 사용하여 독립적인 경제주체들 간에 정보차이를 좁힘으로써 각각 거래비용을 줄인다.

그러나 이러한 수직적 통합은 결국 내부 거래비용을 발생시키고 반사회적 결과를 유도할 수 있는 잠재적 한계점을 안고 있다. 수직적 통합은 생산과정의 한 단계에서 시장 통제의 정도가 상당히 높지만 효율성 측면의 사회적 정당성을 가지기에는 부족하다. 수직적 통합을 생산 활동에 적용하려는 경우에 자본 투입을 증가시킴으로써 거래 상대방에 대한 공격성을 보일 수 있다.

2) 시장거래 유형

시장거래 유형(market exchange governance)에서도 소비자 구매의사결정에서의 두 가지 쟁점사항인 제한된 합리성과 기회주의를 적용하여 고찰 할 수 있다. 제한된 합리성은 앞에서 언급한 것처럼 인간의 인지능력 한계를 말하는 것으로 정보를 완전하며 효과적으로 처리할 수 없는 능력 한계를 말한다. 따라서 주어진 일정 시간 동안 인간이 얼마의 정보를 정확하게 처리할 수 있는가를 말하며 인간의 의사결정이 항상 완전한 정보를 바탕으로 이루어지는 것만은 아니라는 것을 보이는 것이다. 따라서 인간이 항상 최적의 의사결정을 한다고 말할 수 없다. 예를 들면 제조기업에서 부품 공급기업을 선정하는 경우에 모든 기업들을 대상으로 평가 과정을 행할 수 없음을 의미한다. 제한된 합리성은 거래전과 후에 모두 영향을 미치는 것으로 본다.

거래 전에는 정보가 제한적이거나 평가 정보를 취하는 데 따르는 비용이 너무 높음으로 인하여 제한된 합리성을 경험하게 된다. 예를 들어 일상적인 부품 등을 구매하는 기업의 경우에 향후 6개월 이후의 가격 추이를 예상한다는 것은 상당히 어렵고 이러한 미래 상황을 위하여 1년 정도의 가격에 대한 확정 거래를 취하게 된다.

거래 후에는 거래 성과를 정확하게 판단하는 데 따르는 어려움으로 인하여 제한된 합리성을 경험하게 된다. 예를 들어 제조기업이 물류기업에 대한 아웃소싱을 의뢰한 경우를 가정한다면, 물류기업이 배송 정확도 등의 성과를 제조기업에 제공하는 경우에 긍정적인 성과만을 제공할 가능성이 있다는 것이다.

이러한 점은 앞에서 두 번째 의사결정 행위의 문제점으로 지적된 기회주의와 관련된 것이다. 이는 인간이 타인의 희생을 통하여 자신만의 이익을 취하려 함으로써 나타나게 경우와 동일한 의미를 가진다. 만약에 물류 서비스 기업이 약속된 서비스를 행하지 못한다 하더라도 제조기업의 선택은 제한적일 수밖에 없는 것이다. 그러므로 인간 행위의 불확실성은 성과의 정확한 파악과 함께 기대성과를 받아들이는 데도 영향을 미친다.

이러한 잠재적인 문제점들은 기래 계약의 유형과도 관련되어 있는데 (1) 자산 특이성(특이 자산성) (2) 불확실성이 대표적이다. 만약에 계약내용에 대체 가능성이 부족한 특이 자산에 대한 내용이 담겨져 있는 경우에는 높은 자산 종속성으로 인하여 결국 특정 거래 이외에는 자산가치의 하락을 야기할 수밖에 없는 것이다. 결국은 3자 물류(third party logistics) 서비스 기업에 대한 자산 종속성 수준이 높을수록 서비스 대체가능성에 대한 가능성은 낮아짐으로써 물류 서비스 기업에 제조기업이 종속화되는 결과를 낳을 수 있다.

두 번째 거래 불확실성은 외부 환경의 변화가 거래 상황에 대한 문제점을 일으킬 수 있다. 수요의 변동성과 계절성 등이 노동력 수준이라든지 산업 내 경쟁구도에 대하여 영향을 미치는 경우에 거래 불확실성을 조정한다는 것은 더욱 어려워진다. 예측하기 어려운 날씨로 인한 전체 농작물 공급체인에의 영향력을 대표적으로 들 수 있다.

이러한 잠재적인 문제점들을 피하기 위하여 TCA 이론에서는 시장거래의 거래비용 수준이 생산원가 효익에 비하여 높은 경우에 수직적 통합의 필요성을 제기하고 있다. 그러나 적지 않은 소규모 기업들의 경우에 산업 내 공급체인의 복잡함으로 인하여 수직적 통합을 추구하는 데 어려움을 가진다. 그러므로 거래비용이 높은 경우에 차선책이라고 할 수 있는 것은 통합적 공급체인 유형이 된다고 지적하였고 본 연구에서도 이러한 점을 고려하였다.

3) 통합적 공급체인 유형

공급체인 내의 기업들 간의 장기적 우호관계를 유지하기 위해서는 변화하는 시장 환경에 대해 장기계약이 가질 수 있는 불안전성을 어떻게 극복할 수 있느냐가 관건이다. 따라서 각 주체들이 계약기간 동안 결합이윤의 극대화에 동의하도록 하는 효과를 가지는 일반적 조항을 계약에 추가하고 성과의 적절한 배분 기준을 고안해내는 것이 중요 과제가 된다. 이러한 측면에 초점을 두고 등장한 것이 통합적 공급체인 유형이 된다.

통합적 공급체인 유형(hybrid integrative governance)은 기업 간 상호 이익을 위한 공조 문화의 형성을 기본으로 하는데, 이는 공급체인 내의 기업들이 자사의 이익만을 추구하는 경우에 공동의 효익을 방해할 수 있다고 보기 때문이다. 이러한 접근법은 적절한 목표의 설정과 함께 제한된 합리성과 기회주의를 줄이기 위한 의도를 필요로 한다. 통합적 공급체인 유형을 구축하기 위해서는 공급기업 인증 프로그램과 장기적 보상 프로그램이라는 두 가지의 안전장치가 필요하다.

공급기업 인증 프로그램은 거래 이전에 공급기업에 대한 인증 과정을 거치게 됨으로써 제한된 합리성을 줄이기 위한 목적으로 이루어진다. 결국은 공급기업의 수를 줄이고 공급기업 선정 등에 필요한 정보의 수준을 줄이는 긍정적 효과를 기대할 수 있다.

장기적 보상 프로그램은 수직적 통합의 장점을 적용한 것으로 공급체인 내의 각 주체들에 대한 인센티브를 제공함으로써 기회주의를 줄일 수 있는 강점이 있다. 통합적 공급체인 유형에서는 공급기업과의 원활한 관계를 통해 발생하는 비용의 감소부분을 공유하고, 공유 비용을 줄이기 위한 활동이 수행된다. 또한 공급기업의 종업원들도 구매기업의 보상 프로그램의 대상으로 포함하여 이윤 공유(profit sharing)제도를 기업 간 정책으로 확장한다. 구매기업의 입장에서는 공급기업에 대한 통제 가능성을 고려하여 통합적 공급체인 유형 관계를 지향한다고 보아야 할 것이다.

그러나 실제로는 이러한 통합적 공급체인 유형을 유지하기 위한 협력의 수준은 더욱 높다고 보아야 하는데, 이러한 신뢰감을 형성하기 위한 투자의 수준이 이루어져야만 하며, 그런 다음에 모든 공급기업과 통합적 공급체인 유형을 형성하는 것이 가능할 것인가에 대한 정확한 평가가 있어야 할 것이고 만약에 불가능하다면 어떠한 공급체인 유형을 구축할 것인가에 대한 의사결정이 있어야 할 것이다.

3. 공급체인 관계 수준의 중요 척도

1) 공급체인 인증

공급기업 인증(supplier qualification) 과정은 공급되어진 품목을 단순하게 검사하는 것이 아니라 공급 대상자의 신뢰도 파악에서 생산 공정, 생산 능력, 종업원, 기술상의 능력 등에 대한 종합적인 검토과정을 통합한 것이다(Heide 등, 1990). 경쟁적 환경이 보편화될수록 소수의 공급기업에 대한 다수의 구매기업들이 나타나고 이들에 대한 의존성이 높아지게 된다(Akinc, 1993). 따라서 최선의 공급기업을 선정하여 제품개발이나 제품개념화 과정에서의 평가 활동을 함께 수행하기 위해서는 공급기업 인증 과정이 사전적으로 수행되어야 한다(Helper, 1991).

Heide 등(1990)은 기업 간의 공유 활동이 기업 간 투자 활동의 안전책으로 보았으며, 공급기업에 대한 투자 활동은 전통적인 시각에서 위험으로 고려되던 투자 활동의 위험을 최소화하기 위하여 이루어진다고 보았다(Leenders and Blenkhorn, 1988). 이러한 측면에서 공급기업을 제품 설계과정에 참여시킨다는 것은 기존의 설비를 통한 가치를 최대화하기 위함이라고 볼 수 있으며 특이자산에 대한 보호책이 될 수 있다.

2) 단일 공급선 정책

공급기업과의 협력적 관계를 더욱 발전시키기 위하여, 상당수의 구매기업들은 공급대상기업의 수를 축소하여 유형적으로는 공급기업들과는 동맹관계를 도모하고 있다(Swift, 1995). 공급기업의 수를 축소하는 것이 공급체인의 추세로 변해지면서 공급기업 선정과정과 기준은 그만큼 더욱 중요해지고 있다.

3) 관계 기간

기업 간 거래계약 기간 수준을 의미하는 관계 기간에 대하여 Sheridan(1988), Spekman(1988), Heide와 George(1990)에 의하면 기존의 거래 기간뿐만 아니라 관계 설정에 대한 예상 관계 기간(time horizon)도 중요한 시간 요소라고 지적하였다. 최근의 기업 간 관계 수준을 파악하기 위한 척도로 소수 공급기업들을 대상으

로 어느 정도의 장기적인 계약관계를 유지하고 있는 가를 고려하
고 있다.

4. 공급체인의 지리적 분산

지리적 분산(geographic dispersion)은 단일 공급체인 내의 각 기
업들이 지역별로 어디에 어떤 형태로 위치하고 있는가를 의미한다.
여기에서 공급체인 내의 각 기업들은 공급기업, 생산 및 제조기업,
유통기업, 외부고객들을 포괄적으로 가리킨다. Kotha와 Orne(1989)
는 그들의 생산 전략과 관련된 연구에서 공급체인의 지리적 분산
수준과 유사한 개념으로 생산 설비의 지리적 분산 (geographic
manufacturing scope), 시장의 분산(geographic market focus)을
사용하였다. 생산 설비의 광범위한 분산은 결국은 다양한 지역의
고객들에게 제품을 공급할 수 있을 것이다. 이러한 이유로 볼 때 지
리적인 입지는 기업 전략적인 측면에서 결과물로 나타나는 공급체
인 구조라고 보아야 할 것이다. 높은 수준으로 지리적 분산이 이루
어지고 있는 공급체인 내의 기업들의 경우에는 단일지역으로부터
의 공급비율이 낮은 기업으로 개념화할 수 있을 것이다. 반면에 낮
은 수준으로 지리적 분화를 실시하는 기업들은 단일 지역으로부터
의 공급비율을 높고 타 지역으로부터의 공급수준은 낮은 경우이다.
여기에서 지리적 분산이 공급체인 구조의 중요 차원으로 고려
되어지는 이유는 크게 세 가지로 나누어 볼 수 있다. 첫째, 지리
적 분산 수준은 공급체인 내의 각 기업들에 과업이 어떻게 할당
되어지는가에 영향력을 미친다는 것이다. 둘째, 물리적으로 공급체

인이 집중화되는가 아니면 분화되는가의 정도는 의사결정의 권한 과 조정 및 조율 활동에 유의한 영향력을 미친다는 것이다. 마지 막으로 지리적 분산은 최근의 산업 경제적 시장동태를 고려한 추 세라는 것이다. 더욱 기본적인 측면에서 본다면, 공급체인 내의 조 율 활동은 제품의 이동을 필요로 하므로 공급체인 주체들 간의 물리적 거리가 멀어질수록 공급체인 경영의 역할에 대한 중요성 이 커지게 된다고 보아야 할 것이다.

5. 공급기업 관리 지향성

Shin 등(2000)은 공급기업 관리 지향성(supplier management orientation : SMO)이라는 개념을 활용하여 공급기업과의 장기적 인 관계의 설정, 제품개발 과정에서의 공급기업의 참여, 공급기업 수의 감소, 그리고 품질 지향적 공급기업 선정 수준 등으로 공급기 업과 구매기업 간의 관계성을 파악하였다. 이러한 관계성은 결국 기업 간 관계 유형을 파악하기 위한 중요 요소가 될 것으로 보았으 며 이를 통하여 경영성과를 함께 예측할 수 있음을 제시하였다.

1) 장기적 관계 설정

공급체인에서의 장기적 관계 설정은 생산계획 관련 기간의 확 장을 의미하고 이를 통하여 상호간의 높은 관련성을 고려하여 안 정적인 관계를 가지게 된다는 것을 뜻하고 있다(Shin 등, 2000). 당사자들 간에 긴밀한 관계를 유지한다는 것은 위험과 보상을 함께 공유하고 있음을 뜻하는 것이고, 그러한 관계를 지속화하여 장기적으로 유지하기를 바라는 의지를 가지고 있음을 뜻한다.

개념연구를 통하여 Hahn 등(1983)은 장기적인 계약관계를 유지하면서 대량의 제품을 소수의 공급업체로부터 조달 받는 것이 기업의 효익 추구에 긍정적이라는 것을 지적하였다. 또한 DeToni와 Nassimbeni(1999)는 구매기업과 공급기업 간의 장기적인 시각은 '구매-공급관계'에 대한 조율의 긴밀감을 더욱더 확대시킨다고 지적하였다. Carr와 Pearson(1999)은 구매기업과 공급기업 간의 관계에서의 '전략적 구매'에 대한 연구를 통하여 전략적으로 관리되어진 장기적 구매기업과 공급기업 간의 관계는 재무적 성과에 대해서도 긍정적인 영향력을 미친다고 결론을 내렸다.

이러한 공급관계의 양상은 기존의 적대적 관계의 공급업체를 관리하던 형태를 고려한다면 상당한 변화라고 보아야 한다(Helper, 1991). 공급계약은 점차 장기화되어지고 있으며 공급업체들은 그들의 생산 공정에 대한 정보와 품질성과, 원가 유형 등을 구매기업이나 구매업체에 공개를 해야 하는 상황으로 급격하게 전환이 이루어지고 있다(Helper, 1991; Helper and Sako, 1995).

2) 제품개발 과정에서의 공급업체의 참여

초기에 공급업체의 참여는 신제품의 도입에 따른 시장에의 신속한 진출에 대해 중요한 역할을 하게 된다. 공급업체와의 직접적인 의사소통은 제품개발 과정에서 발생할 수 있는 다양한 문제점을 해결하는 데 있어 필수적인 사항으로 알려지고 있다(Levy, 1997).

Hartley 등(1997)은 구매기업과 공급기업 관계관리가 제품개발

과정에서의 공급기업 활동의 적시 완료성에 미치는 영향력과 전체적인 프로젝트의 지체성에 대한 영향력에 대한 실증연구를 실시하였다. 여기에서 '구매기업-공급기업 관계관리'가 의미하는 바는 공급기업 참여의 시의적절성, 공급기업 설계의 신뢰성, 구매기업과 공급기업의 의사소통 등을 포괄적으로 다루는 개념이다. 계층형 회귀분석을 실시한 결과, 이들 두 가지 변수들이 모두 유의한 영향력을 미치는 것으로 나타났고 이러한 연구결과로 볼 때 제품개발 과정에서의 공급업체들의 참여는 반드시 필요하다고 보아야 할 것이다.

3) 공급기업 수의 감소

공급업체의 수를 감소하고자 하는 노력은 최근의 구매기업과 공급기업 간의 관계를 특징짓는 대표적인 것이다. Kekre 등(1995)에 의하면, 다수의 공급업체를 확보하려는 기업들의 관행은 급격하게 사라지고 있는데 구매기업들의 이러한 관행은 다음의 이유 때문인 것으로 보고 있다.

우선, 다수의 공급업체를 확보하려는 전략의 경우에 공급업체들이 규모의 경제를 추구하는 데 도움이 되지 못한다. 이러한 규모의 경제는 생산량에 의한 것과 학습효과에 의한 것을 모두 포함한 것이다(Hahn 등, 1986). Russell과 Krajewski(1992)는 구매기업과 공급기업 간의 협력적인 보충 활동을 통하여 공급업체의 수는 감소를 하게 되고 하나의 공급업체가 제공하게 되는 품목의 수는 증가하게 된다는 것을 지적하였다. 수학적 프로그래밍 기법과 휴리스틱 기법을 통하여 Russell과 Krajewski(1992)는 공급체인에서의 비용을 절감할 수 있는 가장 대표적인 방법은 협력적 보충 활동임을 증명하였다.

둘째, 다수 공급업체 전략은 단일 공급업체 전략에 비하여 비용적인 측면에서 불리하다는 것이다(Treleven, 1987). 하나의 품목에 대하여 다수의 공급기업들을 관리하는 경우에는 노무비와 주문비 등을 포함하여 상대적으로 높은 비용을 수반하게 되며, 품질관리의 어려움으로 인하여 제공되는 부품의 품질 수준의 저하가 나타날 수도 있다(Treleven, 1987).

셋째, 단일의 공급업체와 장기적인 관계를 유지한다는 것은 의사소통의 부족으로 인하여 발생할 수 있는 상호 불신의 가능성을 줄일 수 있다(Newman, 1988). 이는 우호적인 공급기업-구매기업 관계를 유지하려는 목적으로서 가장 일반적인 것으로 받아들여지고 있다. 이러한 신뢰의 확보는 공급업체의 장기적인 생산계획을 수립하는 데도 긍정적인 영향을 미치게 된다.

4) 공급업체의 선정에 대한 품질의 우선순위

공급기업 관리에서 상당수의 연구들이 강조를 하고 있는 품질우선 정책은 이전의 연구들에서도 지속적으로 제기되었던 부분이다(Manoochehri, 1984; Treleven, 1987; Baxter 등, 1989). 기존의 연구들에서 강조를 하고 있는 점은 전반적인 제품의 품질이나 원가를 결정하는 데 있어 가장 중요한 사항은 공급업체의 품질이라는 점과 공급업체의 품질통제 시스템의 정보와 품질성과는 각 부품에 대한 올바른 가격 수준을 결정하는 데 있어 구매기업에게 도움을 주는 요소라는 점, 마지막으로 정보를 공유하는 데 있어 필수적인 사항은 구매기업과 공급기업 간의 관계의 설정이라는 점이다.

공급업체의 선정과 관련한 다양한 상황들을 연구한 Choi와 Hartley(1996)는 일관성 요인(consistency factor)이라는 개념을 제시하면서 공급기업에 대한 높은 품질 수준의 요구는 원가 이외에 기업의 경쟁력을 확보하기 위한 공급기업의 품질이나 적시성 등의 목표에 대하여 상당한 영향력을 미치게 된다는 점을 지적하였다.

이러한 공급기업 관리 지향성에 대한 4가지 측면들은 공급체인 경영의 유형적인 중요 특성을 반영하면서 동시에 구매기업과 공급기업에서 함께 반영될 수 있는 요소들을 다루고 있다는 점에서 중요한 시사점을 제공하고 있다.

제3절 공급체인 관계 방향

1. 공급체인 방향성

지속적으로 공급기업, 제조기업, 고객 간의 전략적 통합의 중요성은 제거되어왔다. Anderson 등(1989)이 언급한 것처럼, 기업 간의 효과적인 통합은 경쟁력 향상을 위한 필수요소라 할 수 있다.

이러한 공급체인에서의 개별 기업들이 관계 기업들과의 관계성을 확보, 유지하기 위한 노력은 실물 흐름과 동일한 방향으로 이루어지게 되는 유형적 통합과 정보의 흐름에 대한 통합으로 나타난다(Frohlich 등, 2001).

공급체인의 유형적 통합은 자재와 부품의 이동 경로상에서 이루어지는 통합으로 공급기업, 제조업체, 고객으로 이어지는 순방향 통합이라고 볼 수 있다. 이러한 논리를 옹호하는 입장은 전통적인 JIT의 입장을 따르고 있는데, 기업 간 긴밀한 요구와 대응의 관계 설정을 통하여 시간과 자원의 낭비를 줄이고자 하는 성격을 가진다. 그리고 일부에서는 대량 생산을 위한 하부 유형의 형성이라는 측면에서도 고려할 수 있다.

두 번째 공급체인 통합의 방향은 고객에서 공급기업으로 이어지는 정보의 흐름에 대한 전략적 통합이다. 여기에는 정보기술이 중요한 역할을 하는데, 정보기술은 다수의 기업조직들이 원활한 공급체인을 형성하는 데 성공할 수 있는 조율 기능을 수행한다. 여기에 활용되는 정보기술은 전통적인 계획과 통제 정보에 대한 공유와 VAN, EDI와 같은 하드웨어의 요소들도 포함된다고 보아야 할 것이다.

이러한 두 가지의 공급체인 방향성은 모두 개별 기업들의 의지를 바탕으로 한 투자 활동과 실제적 노력을 바탕으로 하고 있다. 따라서 본 연구에서는 기업의 능동적 활동이라는 측면을 고려하여 이를 통합적으로 다룬다.

2. 기업 간 통합의 범위

공급체인 방향성의 유형에 대한 전략적 쟁점사항은 방향성과 통합의 수준을 함께 고려해야 한다. 이러한 측면은 다분히 전략적인 측면이라고 할 수 있기 때문에 본 연구에서는 중요 의사결정 변수화하는데 여기에서는 타 조직에 대한 통합 가능성은 중간 단계에 위치한 개별 기업의 입장에서 통제 불가능한 경우가 대부분이라는 점을 고려하여 배제하고 내부 지향성과 외부 지향성으로 방향성만을 분류하고자 한다.

모든 제조업체들은 암묵적으로라도 기업 간의 통합 방향 설정과 관련된 의사결정을 하게 된다. 일부 제조기업들의 경우에는 상대적으로 낮은 수준으로 고객이나 관계 기업과 통합을 실시하고 있으며 이에 따라서 이들 기업들의 경우에는 통합의 범위가 낮아지게 된다. 또 다른 기업들의 경우에는 공급업체와 구매기업과 포괄적으로 관계를 하고 있으며 이에 따라 전략적으로 폭넓은 통합의 범위를 유지하게 될 것이다.

Tan 등(1998)은 공급체인을 구성하는 다수의 기업들이 단일의 개체(entity)로 통합되고 업무를 수행하는 경우에, 공급체인 전체에서의 성과는 향상된다고 지적하였다. 또한 일부 연구에서 공급업체나 고객들을 완전하게 통합하지 못하는 경우에 발생 가능한 위험에 대해서 언급하였다(Lee와 Billington, 1992; Hammel와 Kopczak, 1993; Armistead와 Mapes, 1993). Fisher 등(1994)의 경우에는 공급체인 전체에서 수요와 공급에 대한 균형을 유지하는 것의 중요성을 강조하였다.

제조업체들을 대상으로 한 연구에서 Handfield와 Nicholas (1999)는 자사의 효율적 경영만큼 타 기업들의 연계에 동참을 하는 것이 동일한 수준으로 중요하다고 보았으며, Hale(1999)은 앞의 기존연구자들과 마찬가지로 전통적으로 독자적인 기업경영을 실시해 온 기업들이 점차 공유문화를 바탕으로 한 경영의 중요성을 지각하고 있음을 지적하였다. 이러한 기존의 연구들을 좀 더 확장하면 폭 넓은 공급체인 통합을 실시하고 있는 기업들은 높은 수준의 경영성과를 창출할 것이라고 예상할 수 있다.

제4절 공급체인 경영성과

기업의 성과를 파악하고자 하는 경우에 가치의 실현이라는 측면에서 살펴야 할 것이다. 이러한 측면에서 Judith 등(1999)은 기업이 경쟁력을 가지기 위해서는 공급체인에 대한 적절한 전략의 형성이 필요하다는 점을 강조하고 성과 측정의 중요성을 언급하였다.

1. 공급체인 성과 측정의 특징

공급체인 경영의 목표는 모든 파트너들이 긴밀한 관계를 형성하여 유연한 공급체인을 형성하는 것으로 가능한 모든 구성주체들이 효율적이며 효과적으로 전문화된 관계를 형성하는 것이 필요하다.

공급체인의 성과는 효율성과 효과성을 통하여 측정할 수 있는데, 공급체인 성과에서도 다른 영역의 성과 측정과 같이 효율성과 효과성이 반드시 상호 병행적으로 달성되는 것은 아니다. 예를 들면 공급기업이 낮은 수준의 선적 목표량을 정하고 물류비용을 낮추어 효율성을 추구하는 경우를 들 수 있다. 최대 선적량 수준 이하를 구매하기 원하는 고객들의 경우에는 불만족 할 것이고 공급기업의 정책을 비효과적이라고 판단할 것이다.

또한 위의 경우와 반대의 경우도 발생할 수 있는데, 낮은 효율성에도 불구하고 높은 효과성을 추구할 수도 있다. 항공 운송에서 정시 도착의 기준을 통하여 효과성을 특정 하는 경우에 정시 도착성은 구매기업들의 입장에서는 만족스럽지만 부가적인 운송비용으로 인하여 효율성에는 문제점이 나타날 수 있다.

공급체인 경영의 성과 측정을 위하여 가장 적절한 기준은 공급체인 경영의 최종 목표라 할 수 있는 고객만족을 위하여 공급체인 전체에 대한 가치 지향적 접근이라고 할 것이다. 이를 위하여 전체 공급체인에서의 원가 수준을 낮출 필요성이 있고 높은 수준의 품질, 고객요구에 적합한 제품들을 제공함으로써 공급체인 전체가 효과적으로 운영될 필요성이 있다. 통합화된 공급체인의 목표는 자원의 활용수준인 효율성과 목표에 대한 달성수준인 효과성을 함께 반영하도록 유도하는 것이다.

그러므로 공급체인 경영에서의 성과는 효율성에서는 가장 낮은 수준의 원가를 투입하고 효과성에서는 공급체인 전체 구성주체들이 우호적인 관계를 형성하여 고객들이 바라는 제품을 최적의 단계를 거치면서 제공하는 것으로 측정되어진다. 이러한 공급체인 경영의 성과를 측정하기 위해 관계의 동시성과 기업 간 정보의 활용가능성 측면을 중요한 지표로 활용하고 있다.

1) 동시성과 성과 측정

공급체인 내에서의 가치 실현은 이동 중인 제품을 통하여 일어나게 된다. 따라서 동시성(simultaneity)이라는 측면에서 재고의 확보를 통해 생산과 소비의 시간적 분리를 실현할 수 있다. 이러한 경우에 재고는 기업 간 우호적 통합의 주요 원천이 된다. 그러나 효과성 측면에서 본다면 문제점이 나타나는데 재고는 문제의 해결책이기보다는 문제를 덮어두는 데 지나지 않을 수 있기 때문이다. 공급기업과 구매기업은 각자의 이득을 추구하게 되는데, 공급기업의 입장에서도 효과적이지 못한 공급체인 운영에 대한 우려로 인하여 재고 감소를 쉽게 추구하기는 어렵다. 따라서 단기적으로는 공급기업의 재고 보유 관련 문제점을 해결할 수 있으나 장기적으로는 한계를 가지게 된다.

동시성은 또한 공급체인의 효율성에도 영향을 미치게 되는데 부품 및 자재 공급기업의 경우에 재고 보유는 원가 발생으로 이어지게 된다. 공급체인 내의 일부 기업에 의해 재고 보유 비용이 발생하게 되고 결국 공급체인 전체에서 효율성을 낮추는 결과로 이어지게 된다.

그러나 모든 재고가 제거 대상은 아니며 내재적 수요 불확실성의 감소라든지 고객요구에 대한 유연성 향상을 위하여 일정 수준의 재고는 반드시 필요하다고 볼 수 있다. 여기에서 언급하고 있는 불확실성은 부품 공급기업과 제조기업 간의 정보 연계성의 부족으로 발생하게 되며 이 점은 공급체인 성과 측정의 또 다른 측면인 정보의 활용수준으로 이어지게 된다(Judith 등, 1999).

2) 정보활용성과 성과 측정

공급체인 경영에 대한 연구에서 공급체인 내 기업 간의 정보의 교환이 가지는 영향력을 파악하고자 하는 연구들이 급속하게 늘어나고 있다. 특히 이러한 연구들의 목표는 좀 더 나은 의사결정을 위한 정보의 관리에 두고 있다. 시의적절하고 정확한 정보가 의사결정에 적용되고 공급체인 전체를 통하여 효과적으로 정보가 흘러가면서 조직의 의사결정에서 정보활용 가능성이 높아지면 공급체인의 효과성과 효율성에 적지 않은 영향력을 가지게 된다. 이러한 상황하에서 정보의 적용은 공유되어지는 구체적인 자료와 거래 활동상에서의 기술적 수준으로 나누어 살펴볼 수 있다.

본질적으로 정보의 활용은 제조업체나 공급업체 모두에 대하여 커뮤니케이션 수준의 증가와 수요 불확실성에 대한 위험의 감소를 가져오게 한다. 공정 리엔지니어링(BPR)을 통하여 기업 간 정보 흐름을 향상하기 위한 투자 활동도 이러한 맥락이라고 할 것이다.

정보의 활용이 높은 수준의 효과성과 효율성에 중요하지만, 이를 실현하기 위해서는 높은 투자가 있어야 한다. 그러나 이러한 높은 투자는 제조기업으로 하여금 공급기업과의 복잡한 정보교환 프로세스를 회피하게 할 수도 있다. 만약에 공급기업이 높은 수준의 정보기술을 확보하고 있는 경우라고 한다면 제조기업의 정보교환을 위한 개발 투자의 수준을 낮출 수 있다, 이러한 양상이 가장 뚜렷하게 나타나고 있는 분야가 물류 서비스 분야이다. 이미 물류 전문 서비스 기업으로서 성장을 위해서는 높은 정보기술이 필수조건으로 정착하고 있다.

이러한 점들을 반영하여 앞에서 살펴본 공급체인의 유형 가운

데 수직적 통합을 제외한 시장거래 유형과 통합적 공급체인 유형
을 중심으로 특징을 살필 수 있다.

【표 1】 정보활용 수준과 동시성을 고려한 공급체인 특징

동시성의 수준		정보의 활용 가능성	
		낮 음	높 음
동시성의 수준	재 화	Market (단기적 이윤을 위하여 효율성 혹은 유효성을 희생)	Hybrid integrative (높은 수준의 효율성과 유효성을 유도)
	서비스	Market (단기적 이윤을 위하여 효율성 혹은 유효성을 희생)	Hybrid integrative (높은 수준의 효율성과 유효성을 유도)

【자료원】 Judith S. Whipple, Robert Frankle and Kenneth Anselmi, "The effect of governance structure on performance: A case study of efficient consumer response," Journal of Business Logistics, Vol. 20, No.2, 1999, p.52.에서 연구자가 일부 수정.

이상을 정리하면 효율성과 효과성을 높이기 위한 공급체인 성
과 측정과 관련하여 동시성은 성과의 달성 유무와 수준을 파악하는
데 중요하고 정보의 적용성은 공급체인의 통합과 자의적인 재고 활
용성의 감소를 통하여 공급체인에 영향력을 미치게 된다. 【표 1】에
서는 정보의 적용성과 동시성을 고려하여 공급체인을 분류하고
있다. 그러나 이러한 공급체인 유형별 성과 측정의 요소들을 살핀
다는 것은 공급체인 유형이 성과에 직접적인 영향을 미칠 것이라
는 점을 가정하고 있으며, 성과 항목들에 대한 구체적인 언급이
없다는 한계점이 있다.

2. 균형 성과표 성과

성공적인 공급체인 경영을 운영하기 위해서는 다양한 형태의 노력들이 필요하지만, 적절한 성과 측정 시스템을 구축하여 공급체인 경영을 운영하는 것이 중요하다. 본 연구에서 전제하고 있는 바는 기업들이 공급체인 경영의 중요성을 인정하고 있기는 하지만 공급체인 경영성과에 직접적인 영향을 전혀 받지 않는 성과평가 시스템을 활용하고 있다는 것이다. 즉 기업들이 그들의 공급체인 경영 실행을 성과평가 시스템과 연계하여 실행하고 있다고 한다면, 공급체인 경영 운영에 의한 성과의 수준은 더욱 바람직한 방향으로 나타나게 될 것이다. 이러한 논리에 따라서 본 연구에서는 공급체인 경영의 성과측도로 균형 성과표를 연계하여 실행하는 것이 적절할 것으로 보고 이하에서는 균형 성과표의 세부항목을 중심으로 이러한 논리의 근거를 제시한다.

균형 성과표는 단기적 재무실적에 높은 가중치를 두고 있는 기존의 경영성과평가시스템의 문제점을 보완하기 위하여 재무적, 비재무적 실적 간의 균형, 장기실적과 단기실적 간의 균형을 추구하고 있다(Brewer 등, 2000).

3. 전통적 공급체인 성과 척도

상당수의 기존연구들이 물류 활동의 정확한 성과를 측정하기 위한 목적으로 연구가 이루어졌다. 이들 연구들에서는 전통적으로

서비스 성과, 원가상의 측정, 투자 수익률 등의 척도를 통하여 성과를 측정하고 있다.

서비스 척도에서는 주문주기 시간, 주문 충족률, 손상률, 수주상의 오류 발생률 등을 활용하였다. 원가 부분에서는 전통적인 입장에서 주문당 비용, 단위당 물류비용, 물류 활동 각 기능들의 단위당 발생 비용 수준 등을 활용하였다. 투자 수익률에서는 물류 활동에 투자된 비용이나 설비들이 기대한 수익을 실현하고 있는가 등으로 파악하였다(Brewer 등, 2000).

이러한 측정지표들이 물류 통제 시스템상에서 중요하지만 기업들이 항상 기업 내 혹은 기업 간 성과에 대하여 측정하고 최적화하지는 못한다. 공급체인상에서의 기업 간 연계의 효과성에 대한 측정, 공급체인 간의 운영 공정성에 대한 상대적 우위 측정, 고객들의 주문에 대한 공급체인의 유기적 대응 수준, 공급체인에서의 부가가치 시간의 수준, 기업 간 영향력이 아닌 상호 신뢰에 의한 기업 간 연계의 수준 등은 전혀 측정되지 않아서 정성적 자료의 취약을 들 수 있다. 따라서 이러한 성과 지표들에 대한 적절한 측정을 위해 또 다른 측정지표들이 필요하게 된다.

효과적으로 운영되고 있는 공급체인 경영의 성과 측정연구에 의하면 공급체인 효과성 측정의 한계는 기업 간 연계성에 대하여 측정하지 못하고 있다는 것이다. 따라서 적절하지 않은 측정에 의하여 적절한 피드백이 이루어지지 않은 상황에서 공급체인의 효율성 향상을 위한 노력은 효과적이지 못할 것이다.

제5절 균형 성과표를 통한 공급체인 성과 측정

1. 공급체인 성과 측정을 위한 균형 성과표의 활용

균형 성과표(BSC) 구축과정은 기업 전략 구축을 바탕으로 각 측정지표들이 전체 측정 범위에 포함되도록 유도하고 이를 통하여 각 전략적 목표들이 실현될 수 있는 바탕을 제공하게 된다.

공급체인 내의 기업 간에 전략의 공통점이 있을 것이라는 가정은 획일적일 수 있으며, 적절하지 않은 측정을 유도할 수 있는 가능성이 있게 된다. 일단 전략이 구체화되면 그 다음은 이를 바탕으로 성과 지표를 개발해야 된다. Kaplan과 Norton(1996)에 의해서 개발되어진 균형 성과표의 경우는 네 가지의 다른 영역에 대한 성과를 측정함으로써 균형 있는 측정이 가능할 것이라고 보고 있다.

【그림 4】에 나타나 있는 것처럼, 전체적인 모형은 고객 시각, 내부공정, 혁신과 학습, 재무적인 측면을 반영하고 있다. 이러한 기본적 모형은 과거의 재무적인 성과만을 과중하게 강조하던 경향에서 벗어나 비재무적인 측정지표를 함께 측정함으로써 균형감 있는 측정을 유도하도록 구성되었다.

고객의 입장은 고객들이 보는 기업의 입장을 측정한다. 따라서 선정되는 측정지표들은 고객들의 의견을 반영한 것이어야 한다. 전반적인 고객가치 수준이나 고객 유지율에 대한 것일 수도 있으며 이러한 광범위한 것 이외에도 지각 품질이나 대응수준, 유연성, 가격 등과 같은 구체적인 항목일수도 있다.

  내부공정은 고객들의 니즈를 충족시키기 위하여 무엇이 충족되어야 하고 탁월해야 하는지를 평가한다. 내부공정 수준을 측정하기 위한 비재무적 성과지표로는 (1) 품질 수준 (2) 시간 (3) 유연성 (4) 원가 수준 등이 있다.

  혁신과 학습은 고객들을 지속적으로 만족시키기 위하여 무엇이 필요한가로 조직 유형적인 측면으로 측정한다. 따라서 현재의 능력에 대비되는 미래의 상황에 초점을 둔다. 신제품개발 시간, 신제품에 의한 매출 수준, 공정 향상 수준 등으로 이를 측정하게 된다. 이는 전체 균형 성과표상에서도 특히 인적 부분을 측정하는 대표적인 영역이므로 혁신과 학습을 위해서는 인적 요소에 대한 인식이 필요하다.

【그림 3】 공급체인 경영의 요소와 균형 성과표 항목의 연계

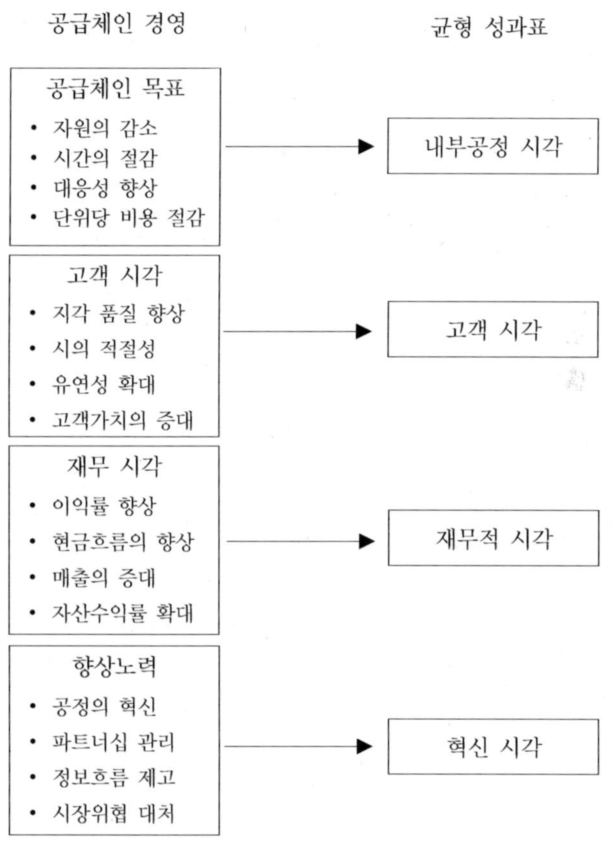

〈자료원〉 Brewer, C. P. and T. W. Speh, (2000), "Using Balanced Scorecard to measure supply chain performance," Journal of Business Logistics, Vol. 21, p.85.

마지막으로 가장 중요하다고 할 수 있는 재무적인 성과지표이다. 다른 비재무적인 성과들이 아무리 성취되었다고 해도 재무적

인 성과가 미흡한 경우에 적절한 경영성과가 창출된 것으로 보기 힘들 것이다. 전통적인 재무제표를 통하여 기업의 재무적인 성과 수준을 파악할 수 있을 것이다.

이러한 균형 성과표 항목들을 통하여 【그림 3】처럼 공급체인 성과에의 각 제반 요소들과 일정 관계를 형성할 수 있을 것이며 이를 통해 새로운 성과 측정지표를 활용할 가능성을 제기하게 된다.

우선 관리 회계에서의 원가 감소를 위한 중요영역인 내부공정 시각은 자원과 시간의 감소를 통하여 공급체인에서의 단위당 비용을 절감하고자 하는 공급체인 경영의 목표와 연계될 수 있을 것이다.

또한 지각 품질 수준과 생산의 유연성, 가치 향상 수준을 측정하고자 하는 고객 시각의 경우에는 공급체인에서의 관계 기업이 지각하는 품질 수준, 사의적절성, 유연성 측정으로 이어져 고객 시각에 대한 측정으로 연계될 수 있을 것이다.

재무제표상에서의 성과 측정으로 나타나는 재무적 성과는 특정 공급체인에 기업이 공급체인의 일원으로서 실현하고 있는 이익률, 현금흐름 수준, 매출액 수준으로 측정되어지는 재무 시각으로 연계되어 공급체인의 효율성 측정으로 구체화 될 것이다.

마지막으로 공정 혁신을 위한 투자, 시장위협에 대처하기 위한 노력, 파트너십 관리에 해당하는 혁신/학습 시각은 정보활용성과 시장 불확실성에 대한 관계 기업 간의 공조 수준을 측정하는 공급체인 향상 노력 수준으로 측정 가능할 것으로 보여 공급체인 경영 수준에 대한 측정은 결국 균형 성과표로 연계되어질 수 있음을 알 수 있다. 이하에서는 각 측정 요소별 항목들에 대하여 살펴보도록 하겠다.

2. 균형 성과표와 공급체인 성과 측정의 연계

전통적인 공급체인 성과 측정지표들은 유용하지만, 공정을 중시하는 공급체인의 특성을 적절하게 반영한 측정이 이루어지지 못하고 있으며 조직 구성원들이 공급체인 지향적으로 활동할 수 있도록 동기부여 하는 데 한계점을 지닌다. 따라서 새로운 성과 측정지표를 통하여 공급체인 성과를 측정할 필요성이 제기되고 있다(Brewer 등, 2000). 공급체인 경영의 주요 목표와 성과 측정지표를 연계하고 이를 통해 파트너십을 바탕으로 하는 사고의 전환을 유도할 수 있고 내부 지향적인 성과 측정의 전통에 변화를 이룰 수 있을 것이다.

따라서 본 연구에서 제시하고 있는 균형 성과표 성과지표를 활용함으로써 공급체인 내의 한 기업의 구성원들의 시각을 바탕으로 공급체인 전체성과를 유추할 수 있게 될 것이며 이러한 점에서 기존연구에서 주로 활용되어져 온 자사의 경영성과만을 직접적으로 측정한 연구와는 차이점을 가진다.

이러한 형태의 통합 측정은 기능 간 혹은 기업 간의 경계를 뛰어넘는 것으로 구성원들이 공급체인 전체의 성과가 어떠하며 관계 기업의 구성원들과 협력할 수 있는 동인(動因)을 제공한다는 점에서 의의를 찾을 수 있다. 그러나 기업들이 이러한 관계를 모두 철저하게 수행하고 측정한다고 보기는 힘들며, 따라서 본 연구에서는 실무적으로 적용 가능한 항목들을 바탕으로 한다. 이를 바탕으로 【그림 4】는 공급체인 경영의 목적과 균형 성과표의 내용들 간의 연계에 대한 16가지의 예를 제시하고 있다.

1) 고객 시각

【그림 4】의 고객 시각에서는 구매기업의 입장을 고려한 네 가지의 측정지표들이 제시되어 있다. 제품과 서비스의 지각 품질 수준은 공급체인 내의 각 연계 기업 간의 품질 수준 향상노력의 수준을 측정하기 위함이다. 가장 적절한 수준은 기대한 수준의 품질을 확보하여 내부 고객들에게 제공하는 것이며 이를 통하여 장기적 관계를 유도할 수 있을 것이다(Fine, 1999).

적시 공급성은 경쟁 공급체인에서 구매기업의 수량과 시간 기준의 배송요구 수준에 대한 공급기업의 반응성을 의미하는 것으로 일본식 경영의 실시 수준을 측정한다고 볼 수 있다. 이러한 측정지표의 벤치마크(benchmark)로는 경쟁기업과 타 기업도 가능할 것이다. 내부고객들이 대응성에 대하여 경쟁 공급체인의 타 기업과 비교하여 추가의 기대를 가지지 않은 수준으로 유지한다면 적절한 수준이라고 할 것이다.

생산 유연성은 시장 수요에 대한 공급기업의 대응 수준으로 평가된다. 이는 공정성과의 시장 대응성과 유사한 맥락으로 평가된다. 구매기업들의 구체적인 주문 사항에 대하여 기업의 대응 수준을 측정하고 다음으로는 구매기업들의 이러한 구체적인 주문 사항들이 시의적절하게 충족되어지는가를 통해서 파악할 수 있다.

품질이나 유연성 등을 구매기업들이 지불하는 가격에 대한 비율로 측정하는 고객가치에 대한 측정은 이전에 언급한 측정지표와는 차이를 가진다. 이러한 비율 분석을 통하여 전반적 성과를 증가시키든지 아니면 내부고객들이 지불하는 원가 수준을 내릴 수 있는 가능성을 파악할 수 있다.

2) 내부공정 시각

　네 가지의 공급체인 성과 측정 범주에서 공정성과는 궁극적으로 공급체인의 기본적인 목표에 해당하는 부분의 성과 수준을 의미한다.
　자원의 낭비 수준은 공급체인에서 구매 활동, 재고 보유, 불량, 배송 실패에 따라 발생 가능한 비용 등을 의미한다. 이를 통하여 공급체인에서의 낭비와 비효율성을 파악한다. 이를 측정하기 위하여 모든 비용들을 합산하여 하나의 수치로 나타내기보다는 전체 저장 비용이나 전체 처리비용 등으로 파악하는 것이 더욱 적절할 것이다.

【그림 4】 공급체인 경영 목표와 균형 성과표의 연계

고객시각	
목 표	측정항목
1. 지각 품질 향상	지각 품질수준
2. 시의 적절성	적시 공급성
3. 유연성 확대	생산 유연성
4. 고객가치 증대	파트너 기업가치

혁신/학습시각	
목 표	측정항목
1. 공정의 혁신	공정 혁신활동
2. 파트너십 관리	파트너십 관리
3. 정보흐름 제고	정보의 원활성
4. 시장위협 대처	시장 불확실성

내부공정 시각	
목 표	측정항목
1. 자원의 감소	자원 낭비수준
2. 시간의 절감	사이클 시간
3. 대응성 향상	시장 대응성
4. 생산비용 절감	단위당 생산원가

재무 시각	
목 표	측정항목
1. 이익률 향상	기업 이익신장
2. 현금흐름 향상	현금흐름 수준
3. 매출의 증대	매출액 수준
4. 자산 수익률	시장 점유율

생산에서 인도까지의 사이클 시간은 공급체인 내에서 최종 구매기업의 니즈에 대하여 단일기업의 해당 공급체인 내에서의 내부 고객 대응시간의 수준을 의미하는 것이다. 이러한 측정지표의 벤치마크로는 경쟁기업과 세계적 수준의 기업이 함께 가능할 것이다. 이러한 기준에서도 가장 바람직한 경우는 경쟁기업과 큰 차이를 보이지 않으면서 구매기업들이 추가의 기대를 가지지 않는 수준을 유지하는 것이다.

시장에 대한 대응성은 고객화와 대응시간 간의 수준에 대한 구매기업들의 지각 형태로 볼 수 있다. 이는 고객성과의 생산 유연성과 유사한 항목으로 측정되어진다. 우선적으로는 구매기업들의 구체적인 주문 사항에 대하여 공급기업의 대응 수준에 대한 반응이 되고, 다음으로는 구매기업들의 이러한 구체적인 주문 사항들이 시의적절하게 충족되어지는가를 통하여 파악할 수 있을 것이다. 이러한 대응성은 고객성과의 고객화와 상충될 수 있는 성과지표이므로 중요하게 고려되어진다.

단위당 생산원가 수준은 품질이나 유연성 등을 확보하기 위하여 발생한 비용을 의미한다. 생산원가에 대한 상대적인 측정은 공급체인의 효율성을 측정하기 위함이며 이러한 비율 분석을 통하여 고객가치의 수준도 가늠할 수 있을 것이다.

3) 혁신과 학습 시각

공급체인에서 혁신과 학습에 대한 성과 측정은 장기적 발전을 위한 계획 위주의 활동을 대상으로 한다. 우선 제품개발 및 생산단계에서 실시하고 있는 경영혁신 활동의 수준을 파악하고 공급체인에서의 기업 간 파트너십이 형성되어 있는지를 파악한다. 다음으로 공급체인 내의 각 파트너십에서 잠재적 위험이 존재하는지 파악한다.

기업 간 파트너십의 위험은 단일 판매자로부터 구매하는 제품 카테고리의 수에 대한 특정 고객에 판매되어지는 판매자의 전체 제품 카테고리 매출의 비율을 통하여 기업 간 균형을 파악하고 이를 통해 관계의 위험 수준을 유추하는 것이 일반적이다.

정보의 공유와 원활성은 공유되는 정보의 수준과 함께 정보 교환 시기에 대한 면을 함께 고려한 지표이다. 제품개발 단계에서의 정보 공유, 환경의 변화에 대한 정보공유 등이 포함된다.

마지막으로 시장 불확실성의 감소 수준을 통하여 내재적 수요 불안정에 대한 대응 능력을 파악한다. 시장 수요 불안정이 아니라 공급체인 내에서의 경로 불안정을 의미하는 내재적 수요 불안정은 결국 공급체인 전체의 효과적 운영과 관련된 척도라고 할 수 있다.

4) 재무적 시각

이익 창출력은 공급체인 내의 각 기업주체들의 기업가치를 측정하는 중요한 지표라 할 수 있다. 비정상적으로 높거나 낮은 이익수준은 공급체인 내에서의 힘의 불균형이 나타나고 있다는 것을 반증하는 것이고 효과적인 공급체인 운영되지 않음을 보이는 것이다.

현금흐름 주기는 공급체인에서 중요한 측정지표들을 함께 대변할 수 있는 항목이다. 투입된 노동력이나 자재비용 등이 현금화되는데 소요되는 기간으로 개념화한다. 성공적으로 운영되고 있는 공급체인은 제품과 정보의 흐름이 원활히 이루어지고 파트너들을 효과적으로 통합한다고 볼 수 있는데, 이러한 운영수준은 현금흐름 주기를 앞당길 수 있을 것이다. 마지막으로 매출액 수준과 시장 점유율을 통해서 공급체인의 성장 수준을 파악한다.

제3장 연구모형 및 가설 도출

본 장에서는 본 연구에서 사용될 연구모형을 소개하고, 연구모형에 따른 연구가설을 도출한다. 그리고 연구에 사용될 각 변수들의 조작적 정의와 측정방법에 관해 기술하였다.

제1절 연구모형 및 가설의 제시

1. 연구모형

본 연구에서 사용되는 연구모형은 Stock 등(2000)과 Brewer (2000)의 연구모형을 기초하여 설정하였다. Stock 등의 연구에서는 공급체인 유형과 공급체인 통합 수준과의 적합성 수준이 세 가지의 경영성과에 미치는 영향력을 파악하였다. Brewer등의 연구에서는 공급체인 성과 측정을 위하여 균형 성과표 활용 가능성에 대한 개념적 모형을 제시하였다. 본 연구에서는 Stock 등의 연구와 Brewer 등의 연구를 수정하여 【그림 5】와 같은 연구모형을 구성하였다.

우선 본 연구에서는 공급체인 유형을 파악하기 위하여 직접적으로 공급체인 유형을 군집화하여 파악한 Stock 등의 연구와는 달리

Shin 등(2000)이 제시한 공급기업 지향성(SMO) 측정 도구를 활용하여, 공급기업과 구매기업의 특성을 함께 가지는 기업의 소속 공급체인에 대한 판단을 측정하였다. 이러한 판단 수준을 바탕으로 공급체인 유형을 측정하였다. Shin 등은 구체적으로 거래기업과의 장기적 관계의 설정, 제품개발 과정에서의 공급기업 참여, 공급기업 수 감소 노력 경향, 그리고 품질 지향적 거래기업 선정이라는 네 가지의 큰 특징을 다양한 문헌을 바탕으로 제기하였다.

Frohlich 등(2001)은 공급체인 구조를 파악하기 위한 또 다른 시각으로 공급체인의 방향성 개념을 제기하여 동일한 공급체인이라도 구매기업 지향과 공급기업 지향 그리고 통합 지향에 따라서 경영성과에 차이를 보일 수 있다는 점을 제기하였다. 따라서 본 연구모형에서는 Stock 등(2000)에서 매개변수로 제기된 공급체인 통합성과는 달리 공급체인 방향성이 경영성과에 직접 효과를 가질 것으로 보는 것과 함께 공급체인 유형이 경영성과에 미치는 영향력에 대하여 공급체인 방향성의 조절효과를 파악한다. 따라서 공급체인 유형이 공급체인 방향성의 형태에 따라서 경영성과에 미치는 영향력은 다른 양상으로 나타날 것으로 보고 있다.

성과 측정은 Brewer 등의 연구(2000)에서 개념적으로 제기된 기존 공급체인 성과 측정의 한계와 벤처 제조기업이 속한 공급체인이 가지는 다양한 특성들을 고려하여 균형 성과표를 경영성과 측정치로 활용하고 있다.

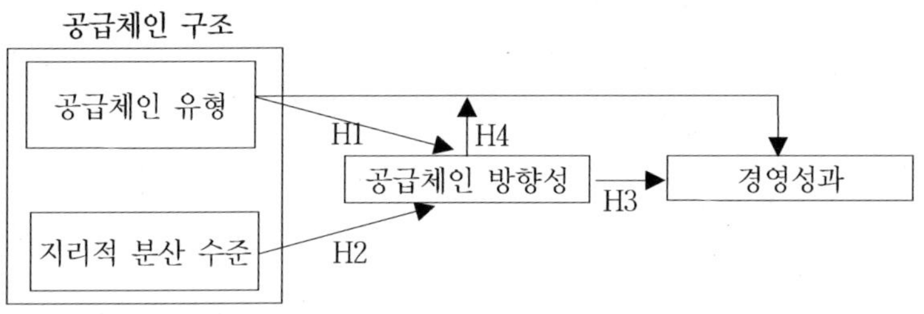

【그림 5】 연구모형

이러한 연구모형을 통하여 공급체인 구조에 대한 구성개념들 간의 관계 설정은 공급체인 성과에 미치는 인과관계를 모형화하여 현실 적합성을 파악함으로써 기존 공급체인의 재설계와 함께 새로운 공급체인 설계를 위한 시사점을 제공할 수 있을 것으로 보인다.

2. 연구가설의 설정

【그림 5】에서 제시된 연구모형을 바탕으로 기존연구에서 제기된 연구내용을 통한 가설을 구체적으로 제시한다.

공급체인이 공급기업과 구매기업을 우호적인 관계에서 통합화하고 있는 경우에는 경영성과에 대하여 긍정적인 효과가 있을 것으로 기대된다. 이러한 점에서 Frohlich 등(2001)은 외부 통합적 공급체인(outward-facing integration) 유도 전략에서 가장 높은 수준의 성과 향상 정도를 보인다고 지적하였다.

이러한 주장의 근거는 공급체인 내의 높은 수준의 조율 활동은 네트워크 전체에서 발생 가능한 불확실성을 경감시킨다는 것이다 (Davis, 1993; Lee 등, 1997). 조율 활동이 원활하게 이루어질수록 공급체인 내, 외부의 비부가가치 활동을 제거하는 데 도움을 주게 된다. 결국은 이러한 과정들이 완제품의 조달 속도를 높여서 생산 의 효율성을 향상하는 데 기여하게 될 것이다.

공급체인 유형은 장기적 공급관계, 정보활용성, 기술지원, 합리 적 파트너 선정을 통하여 파악하고 있으므로 각 요소별 공급체인 방향성과의 관계성은 다음과 같이 세분화 될 것이다. 정보활용성 가능성이 커지면 공급체인의 관계성 범위를 넓히게 된다는 점에 서 외부 지향화로의 유도가능성이 높아질 것으로 보이며, 파트너 간 기술적 합의 수준이 높아질수록 관계의 영역이 증가할 것으로 보인다(Hartley 등, 1997).

반면에 장기적 관계의 가능성은 결국 파트너의 내부 자산화 가 능성을 높이고 이러한 움직임은 공급체인을 내부 지향으로 변화 하도록 유도할 것이다. 이에 대하여 Anderson 등(1989)은 산업재 기업 간의 장기적인 관계 활동을 통하여 관계 기업 간의 조정과 적응 가능성이 높아진다고 보았으며, 용이한 협의 가능성으로 인 하여 기업 간 통합의 가능성이 높아진다는 기존연구(Johnson, 1999)가 제시되어지고 있다. 이러한 일련의 활동들은 결국 추가의 관계 설정과 유지를 위한 개별 기업의 노력을 약화시키게 될 것 이고 내부 지향적 공급체인으로의 가능성을 높이게 될 것이다.

뿐만 아니라 Mandal 등(1994)과 Carr 등(1999)은 공급기업 인 증 프로그램을 통한 합리적 공급기업 선정에 대한 모형을 제시하 였고, 이를 통하여 재무적 성과에 긍정적인 효과가 나타날 것이라 는 점을 실증분석 하였다. 이에 따라 가격 이외의 품질에 의한 기

업 선정과 관계기업의 단위당 생산원가의 절감을 위한 배려 활동
등은 결국 관계기업들에 대한 사후적인 투자보다는 자사의 내부
공정 향상 및 기술, 품질 수준 향상을 위한 투자와 노력을 증가시
켜 내부 지향적 공급체인 유도 가능성이 높아질 것으로 판단된다.
이러한 내용들을 바탕으로 다음과 같은 가설을 설정한다.

  가설 1: 공급체인 유형은 공급체인 방향성 형성에 대하여 영
      향력을 미칠 것이다.
가설 1-1: 공급체인의 장기적 공급관계 지향성이 높을수록 기업
     의 공급체인 전략은 내부 지향으로 유도될 것이다.
가설 1-2: 공급체인의 정보활용성이 높을수록 기업의 공급체인
     전략은 외부 지향으로 유도될 것이다.
가설 1-3: 공급체인의 구매기업의 기술지원 수준이 높을수록 기
     업의 공급체인 전략은 외부 지향으로 유도될 것이다.
가설 1-4: 공급체인 내에서의 공급기업에 대한 합리적 선정 수
     준이 높을수록 기업의 공급체인 전략은 내부 지향으
     로 유도될 것이다.

또한 지리적 분산성은 공급체인에서의 중요 요소인 공급기업과
구매기업뿐만 아니라 설비, 저장 시설을 포괄하고 있다. 높은 수준
으로 지리적 분화가 이루어지고 있는 기업들의 경우에는 단일 지
역으로부터의 공급수준을 낮은 비율로 실행하고 있는 기업으로
개념화할 수 있고 낮은 수준으로 지리적 분화를 실시하는 기업들
은 단일 지역으로부터의 공급비율을 높게 하고 있으며 타 지역으
로부터의 공급수준은 낮은 경우로 보아야 할 것이다.

여기에서 지리적 분산성이 공급체인에서 중요한 의미를 가지는
것은 공급체인 조율 관련 의사결정의 권한과 조정에 유의한 영향

력을 미치고 지리적 분산성이 공급체인 설계의 중요한 쟁점 사항이 되고 있기 때문이다(Stock 등, 2000). 따라서 지리적 분산성은 공급체인 방향성 결정에도 높은 영향력을 미칠 것으로 보인다.

더욱이, 공급체인의 조율은 제품의 이동을 통하여 이루어지고 있으므로 이동시간에 의한 공급체인 통합성에의 영향력을 배제할 수는 없을 것으로 보인다. 그러므로 각 공급체인 주체들 간의 거리가 멀어질수록 외부 지향의 공급체인으로 유도될 것으로 보인다.

> 가설 2: 공급체인의 지리적 분산성이 높을수록 공급체인 방향성은 외부 지향의 공급체인으로 유도될 것이다.

그렇다면 이러한 공급체인 방향성이 외부 지향으로의 변화가 어떠한 경영성과를 보이는지에 대한 평가가 필요할 것이다. 우선 앞에서 살펴본 것처럼, 공급체인 성과를 측정하기 위하여 균형 성과표가 전통적 경영성과 측정지표를 활용하는 것에 비하여 적절할 것이며, 이와 아울러 공급체인 방향성이 공급체인 유형과 지리적 분산성에 대한 종속변수 역할을 가질 수 있음을 앞의 가설들에서 제시하였다. 따라서 공급체인 방향성이 균형 성과표에 미치는 영향력을 파악함으로써 공급체인 구조의 직접 효과뿐만 아니라 간접효과까지 파악할 수 있을 것이다.

효과적인 기업 간 연계는 경영성과에 긍정적인 영향력을 미친다는 점은 앞에서 언급한 기존연구들에서 재무적 성과를 활용한 경우에 유의한 영향력을 가지는 것으로 실증적으로 제기되고 있으므로, 본 연구에서는 이러한 기존연구에서의 검증 결과를 바탕으로 다음과 같이 가설을 제기한다.

가설 3: 공급체인 방향성이 외부 지향일수록 균형 성과표 항
　　　　목별 성과는 향상될 것이다.
가설 3-1: 공급체인 방향성이 외부 지향일수록 기업의 내부공정
　　　　　성과는 향상될 것이다.
가설 3-2: 공급체인 방향성이 외부 지향일수록 기업의 고객성과
　　　　　는 향상될 것이다.
가설 3-3: 공급체인 방향성이 외부 지향일수록 기업의 재무성과
　　　　　는 향상될 것이다.
가설 3-4: 공급체인 방향성이 외부 지향일수록 기업의 혁신성과
　　　　　는 향상될 것이다.

마지막으로 공급체인 유형과 공급체인 방향성 간의 적합성 수준이 경영성과에 미치는 효과를 파악하고자 하였으며 이에 따라 공급체인 유형이 미치는 경영성과에의 영향력에 대하여 공급체인 방향성의 조절효과를 보고자 한다.

본 연구에서는 공급체인 유형을 수직적 통합, 시장거래구조, 통합적 공급체인 중에서 현실적이며 실무적인 측면을 고려하여 시장거래 유형과 통합적 공급체인 유형만을 공급체인 유형으로 활용하고 있으며, 공급체인 방향성은 외부 지향과 내부 지향으로 분류하고 있다.

우선 공급체인 유형에 있어서 Stock 등(2000)이 제시한 것처럼, 자원과 소유 관계의 통합 강도를 의미하는 수직적 통합의 수준이 공급체인의 대중적인 입장이 아니라는 점을 고려하고 단일 공급체인 내 기업 간의 연계 수준만을 고려한 시장거래 유형과 통합적 공급체인을 연구대상으로 삼고 있다. 이들의 연구에 의하면 공급체인 유형과 통합의 수준에 적합성이 높은 공급체인이 높은 성

과를 보이고 있음을 지적하였다. 또한 Frohlich 등(2001)의 연구에서는 공급체인이 외부 지향일수록 다양한 성과 측도에서 높은 수준을 보이고 있음을 지적하였다. 따라서 이들 기존연구를 종합하면 공급체인 유형이 경영성과에 미치는 영향력은 공급체인 내에 속한 기업들의 의도적 관계 설정과 유지노력의 수준에 따라서 차이가 나타날 것으로 기대되어 다음과 같은 가설로 정리할 수 있을 것이다.

> 가설 4: 공급체인 유형이 경영성과에 미치는 영향력은 공급체인 방향성에 따라서 차이가 나타날 것이다.

이러한 네 가지의 가설들에 대하여 아래의 공분산 구조모형으로 기본적인 수학 모형화가 가능할 것이다.

$$y_i = \gamma_j x_j + \gamma_k x_k + \zeta_i \quad \text{【식 1】}$$

y_i: 공급체인 방향성 수준
γ_j: 공급체인 각 유형 요소의 공급체인 방향성에 대한 경로계수
x_j: 공급체인 유형 요소
γ_k: 지리적 분산성의 공급체인 방향성에 대한 경로계수
x_k: 지리적 분산성
ζ_i: 공급체인 방향성 잔여분 변수

【식 1】에서 y_i는 공급체인 방향성을 의미하고, x_i는 장기적 관계 설정, 정보활용, 기술지원, 합리적 선정과 같은 공급체인 유형 요소변수를 의미한다. x_k는 공급체인의 지리적 분산성을 의미하므로 이들 외생이론변수가 내생이론변수인 공급체인 방향성에 미치는

영향력을 감마계수(γ_j, γ_k)로 경로화하고 있다. 외생이론변수는 공급체인 유형과 지리적 분산성으로 5개가 있으므로 이들의 관계는 행렬로 표기될 것이다. ξ_i는 공급체인 방향성 수준을 측정하기 위한 각 변수들에 대하여 이론변수들에 의해 설명되어지지 못한 잔여분 변수를 의미한다.

$$y_k = \beta_i y_i + \zeta_k \cdots\cdots\cdots\cdots\cdots\cdots\cdots\cdots\cdots\cdots\cdots\cdots\cdots\cdots \text{【식 2】}$$

y_k: 경영성과 측정변수
β_i: 공급체인 방향성의 경영성과에 대한 경로계수
y_i: 공급체인 방향성 측정변수
ξ_k: 경영성과 잔여분 변수

　【식 2】에서 y_k는 균형 성과표 각 항목들에 대한 4가지의 측정변수이며 y_i는 공급체인 방향성을 측정하기 위한 7가지의 변수들이다. ξ_k는 4가지의 성과 측정변수들의 잔여분 변수들을 의미한다. 따라서 이러한 식들을 통하여 기존의 계층적 회귀분석에 의한 간접효과 측정의 한계점을 극복하며 이론변수 간의 인과관계를 파악할 수 있다.

제2절 변수의 조작적 정의 및 측정

1. 구성개념의 조작적 정의

본 연구에서 적용하고 있는 구성개념들에 대하여 기존연구에서 제시된 개념적 정의를 바탕으로 다음과 같은 조작적 정의를 통하여 설문문항을 구성하였다.

(1) 공급체인 구조

본 연구에서의 공급체인 구조는 공급체인 유형과 공급체인의 지리적 분산 수준을 포괄적으로 다룬다. 따라서 공급체인 구조는 개별 제조기업이 속한 공급체인의 유형적 특징으로 정의되며(Stock 등, 2000). 단일 제조기업의 통제와 관리대상이 되지 않는다.

공급체인 구조에 대하여 공급체인 유형과 지리적 분산 수준으로의 조작적 정의는 Stock(2000) 등의 연구내용을 바탕으로 하였다. 다만 공급체인 유형을 파악하기 위한 구체적인 항목 선정에서는 차이를 보인다. 공급체인 유형과 지리적 분산성 각각에 대한 정의는 다음과 같다.

(2) 공급체인 유형

공급체인 유형은 공급체인 내에 속한 기업 간의 물리적 환경과 소유 관계로 정의를 한다. 기존 기업 간 유형에 대한 연구(Stock, 2000)에 의하면 공급체인상에서의 통제 역할과 자본 소유의 주체가 누군가에 따라서 구분되어지기 때문에 전체 공급체인에서 벤처 제조기업 역할은 수동적이라고 할 수 있다. 공급체인 유형으로는 시장거래 유형과 통합적 공급체인 유형으로 분류되어진다. 이러한 공급체인 유형을 판단하기 위하여 공급관리 지향성(SMO) 수준을 통하여 구매기업과 공급기업 간의 관계를 파악하고자 하였던 Shin 등(2000)의 연구를 활용하였다.

Stock 등(2000)의 연구에서 제시된 공급체인 유형 파악의 항목만을 활용하지 않은 것은 구매기업의 입장에서 공급기업들을 평가하고 있다는 점이 본 연구와는 차이점을 보였으며 각 항목들을 고려한 분류 기준변수 도출과정에서 산술평균을 활용하고 있다는 점에서 동일한 연구절차를 따르지 않았다. 반면에 공급자 관리 지향성의 경우에는 공급기업과 구매기업의 성과평가를 위하여 측정 가능성을 제시하고 있어 본 연구에서는 Stock(2000)과 Shin(2000) 등의 연구에서 제시된 문항들을 절충하여 활용하였다.

(3) 공급체인의 지리적 분산 수준

지리적 분산 수준은 개별 공급체인 내의 기업들 간 이동 거리 수준으로 정의를 하고 고객, 공급업체, 유통업체에 대한 분산 수준을 군집화하여 공급체인 내에서의 표본 기업들의 포지션을 파악한다.

기존연구(Stock 등, 2000)에서는 【식 3】과 같은 방법을 통하여 분산성을 측정하였으며, 측정치가 0에 가까울수록 분산성이 낮고 0에 가까울수록 높은 분산성을 가지는 것으로 보았다.

$$\text{분산수준} = 1 - \frac{|\text{경인}\% - 25| + |\text{강원, 충청}\% - 25| + |\text{전라, 경상}\% - 25| + |\text{해외}\% - 25|}{150}$$

$$\cdots\cdots\cdots\cdots\cdots \text{【식 3】}$$

그러나 이러한 방법에서는 관계 기업 간의 지리적 근접성 수준에 대한 측면을 반영하지 못하는 한계를 가진다. 즉 대상기업과의 원거리에 모든 관계기업들이 위치하고 있는 경우에도 지리적 분산성은 낮은 것으로 척도화된다는 오류가 생긴다. 지리적 분산성이 관계기업의 물리적 입지를 의미하지만 결국은 이동 거리의 성격을 지니므로 이 점을 바탕으로 척도화과정에서 기존연구와의 차별적 접근을 시도한다.

(4) 공급체인 방향성

공급체인 방향성은 기업 간의 관계 설정을 위한 개별 기업의 의도적 노력수준으로 정의하고 형태로는 내부 지향과 외부 지향으로 파악한다. 따라서 개별 기업은 능동적 역할을 가진다. 이를 구체화하기 위하여 각각의 공급체인의 특성을 군집화한다. 공급체인 방향성은 Frohlich 등(2001)의 연구에서 제시된 통합 방향성 개념과는 차이점을 가진다. 기존연구에서는 고객 지향과 공급 지향 외에 통합의 수준까지 함께 고려하여 5가지의 통합 방향성을 살피고 있으나, 본 연구에서는 통합의 수준을 배제한 방향성만을 간결하게 분류함으로써 기업 간 통합 영향력을 배제하여 연구의 실무 적용 가능성을 높이고자 하였다. 즉, 벤처 제조기업들을 대상으로 연구를 진행하면서 제조기업이 통합 영향력을 행사하여 공급기업과 고객들을 공급체인에 통합하는 것은 현실적인 면에서

괴리감을 가진다고 보았기 때문이다.

이러한 개념을 조직화하기 위하여 공급체인 관련 전략을 활용하였으며 구체적으로 공급체인 방향성 측정을 위하여 물류 전담부서의 운영수준, 신제품개발과 물류 활동의 통합적 운영수준, 정보기술에 대한 활용수준, 생산주기 단축을 위한 투자수준, 벤치마킹 수준, 장기적 관계 추구 노력, 비용 감소를 위한 관계 기업과의 관계 유지노력 수준 등 총 7개의 항목으로 측정하였다.

(5) 경영성과

앞의 기존연구에서 살핀 것처럼, 본 연구에서는 공급체인의 성과 척도를 균형 성과표 항목을 활용하고 있으며 공급체인 경영에 적합하도록 일부 항목에 대한 수정과정을 거쳐 활용하였다. 구체적으로 공정성과는 공급체인 내에 속한 기업의 수행목표로 정의하고 있으며 구체적인 측정을 위하여 공급체인 경영을 실시하는 목적에 대한 문항들로 구성하였다. 고객에 대한 성과는 관계기업의 요구사항에 대한 공급기업의 대응 수준으로 정의하였고 재무성과는 재무제표를 통하여 측정 가능한 화폐 단위의 성과로 정의하고 혁신성과는 지속적인 공급체인 경영을 수행하기 위한 개별기업의 하부구조 구조 구축 활동으로 정의하고 학습 조직화와 종업원 동기부여를 위한 항목들을 통하여 측정하고자 하였다.

(6) 개념 측정방법

연구모형의 중요 구성개념들은 기존연구에서 상당 부분 검정과정을 거쳤으며 대부분 전략적 구매 활동이나 공급기업 관리에 대한 연구영역에서 다루어져 왔다. 최초 조사연구를 시행하기 위하여 【부록 1】에서 수록하고 있는 설문지 전체를 활용하였으며 응답자들의 주의 깊은 응답을 유도하기 위하여 각 응답 카테고리에서 개념 측정문항들을 무작위로 배치하였고, 일부 문항들에 대해서는 고의적 역척도(reverse-scale)를 구성하였다.

2. 측정 도구

각 구성개념 간의 관계성을 파악하기 위하여 설문지법을 활용하여 자료를 수집, 취합 하였다. 본 연구에 사용된 설문지는 크게 5개 부분으로 구성하였다.

1) 공급체인 방향성의 측정

자사가 속한 공급체인에서의 개별 기업의 방향성을 측정하고자 하는 부분이다. 구매기업과 공급기업을 포괄하는 기업과의 관계 수립, 유지를 위한 기업 활동을 총 7개 문항을 통하여 측정하였다.
방향성의 측정을 위하여 기존의 Frohlich(2001)이 공급체인 통합 수준을 측정하기 위하여 활용한 설문문항과 함께 공급체인 방향성의 개념적 정의를 통해서 제시한 것처럼 개별 기업의 노력과 투자 활동이라는 측면에서 공급체인 전략에 대한 측정을 실시한 Carter(1994) 등의 문항을 국내 기업 실정에 적합한 문항으로 수정하여 추가하였다.

【표 2】 공급체인 방향성을 측정하기 위한 설문항목

변 수	설문문항	문항 출처
I-1(dire1)	물류전담부서 운영	Frohlich 등(2001), Akinc(1993) Shin 등(2000)
I-2(dire2)	제품개발활동의 통합화	Frohlich 등(2001), Shin 등(2000)
I-3(dire3)	정보기술에 대한 투자	Frohlich 등(2001), Carter (1994) Shin 등(2000)
I-4(dire4)	사이클 시간 단축을 위한 노력	Frohlich 등(2001), Shin 등(2000)
I-5(dire5)	벤치마킹 실시	Frohlich 등(2001), Shin 등(2000)
I-6(dire6)	기업 간 협력을 통한 수요관리	Frohlich 등(2001), Shin 등(2000)
I-7(dire7)	비용 감소를 위한 활동	Frohlich 등(2001), Hahn 등(1983)

2) 공급체인 유형의 측정

공급기업과 구매기업으로서 각 관계 기업들 간의 관계성을 파악하기 위하여 기존의 기업 간 관계를 파악하기 위한 문항과 함께 공급자 관리 지향성을 측정하고자 한 연구의 문항을 함께 고려하여 총 13개의 문항을 공급기업과 구매기업 각각에 대하여 측정하였다.

【표 3】 공급체인 유형 측정을 위한 설문문항

변 수	구성개념	설문문항	문항 출처
Ⅱ-1(gov1)	장기적 관계	장기적 계약관계	Frohlich 등(2001) Hahn(1983)
Ⅱ-2(gov2)		반복구매	Frohlich 등(2001) Swift(1995)
Ⅱ-4(gov4)		장기관계 의지	Frohlich 등(2001)
Ⅱ-13(gov13)		소수기업과의 장기관계 의지	Frohlich 등(2001) Treleven (1987)
Ⅱ-3(gov3)	정보 활동	정보교환 경로	Frohlich 등(2001) Spekman(1988)
Ⅱ-5(gov5)		제품개발 과정에서의 참여	Frohlich 등(2001) Spekman(1988)
Ⅱ-6(gov6)	기술지원	기술지원의 수준	Frohlich 등(2001) Narasimhan(1983)
Ⅱ-7(gov7)		제품에 대한 기술적 정보 지원	Frohlich 등(2001) Narasimhan(1983)
Ⅱ-8(gov8)		품질 및 경영지도	Frohlich 등(2001) Narasimhan(1983)
Ⅱ-11(gov11)		다수 제품의 구매 활동	Frohlich 등(2001) Narasimhan(1983)
Ⅱ-10(gov10)	합리적 선정	단가위주의 납품 지양 수준	Frohlich 등(2001) Shin(2000)
Ⅱ-9(gov9)		품질위주의 공급기업 선정	Frohlich 등(2001) Shin(2000)
Ⅱ-12(gov12)		대량생산을 위한 배려	Frohlich 등(2001) Shin(2000)

시장거래 유형과 통합적 공급체인 유형에 대한 분류를 위하여 총 4가지의 구성개념을 활용하였으며, 13개의 문항은 기존연구에

서 활용한 문항들을 중복되지 않으면서 무작위로 배치하여 응답
기업의 주의를 높이고자 하였다.

3) 경영성과 측정

내부공정성과, 고객성과, 재무성과, 혁신성과 측정문항을 4개씩
제기하여 적절한 공급체인 성과를 측정하고자 하였다. 기업 간 규
모 차이를 고려하여 비율 척도를 활용하지 않고 등간 척도를 활
용하였다.

【표 4】 내부공정성과를 측정하기 위한 설문문항

변 수	설문문항	문항 출처
IV-1(perf1)	자원의 낭비 감소	Brewer 등(2000) Kaplan and Morton(1996)
IV-2(perf2)	사이클 시간의 감축	Brewer 등(2000) Kaplan and Morton(1996)
IV-3(perf3)	시장에 대한 대응성	Brewer 등(2000) Kaplan and Morton(1996)
IV-4(perf4)	단위당 생산원가의 감소	Brewer 등(2000) Kaplan and Morton(1996)

내부공정성과는 공급체인 경영의 기본 목표인 자원과 시간의
감소, 대응성 향상, 생산비용 절감에 대한 측정을 실시하기 위한
문항들로 구성하였다. 특히 공급체인 경영의 중요 성과지표 중의
하나인 재고 회전율을 측정하기 위하여 본 연구에서는 생산 사이
클 시간을 대용하여 사용하였다.

　고객성과 항목은 관계 기업과의 거래 활동에서 측정되어지는
공급체인 관련성과 지표들로 구성되었다. 따라서 모든 항목들이
관계성을 측정하기 위한 항목들로 제시되었다.

【표 5】 고객성과를 측정하기 위한 설문문항

변　수	설문문항	문항 출처
IV-5(perf5)	제품과 서비스의 품질 수준	Brewer 등(2000) Kaplan and Morton(1996)
IV-6(perf6)	적시 공급능력	Brewer 등(2000) Kaplan and Morton(1996)
IV-7(perf7)	생산 유연성 향상	Brewer 등(2000) Kaplan and Morton(1996)
IV-8(perf8)	고객가치의 향상	Brewer 등(2000) Kaplan and Morton(1996)

【표 6】 재무성과를 측정하기 위한 설문문항

변　수	설문문항	문항 출처
IV-9(perf9)	기업 이익률 향상	Brewer 등(2000) Kaplan and Morton(1996)
IV-10(perf10)	현금흐름 수준	Brewer 등(2000) Kaplan and Morton(1996)
IV-11(perf11)	매출액의 향상	Brewer 등(2000) Kaplan and Morton(1996)
IV-12(perf12)	시장 점유율 수준	Brewer 등(2000) Kaplan and Morton(1996)

　재무성과는 전통적으로 공급체인 성과를 측정하기 위하여 주로
활용된 문항들을 사용하였다. 그러나 공급체인과의 관련성을 배제

한 성과 측정을 우려하여 문항 제시에서 공급체인 운영에 의해서
발생된 재무 수준을 명시하여 기재하도록 하였다.

혁신성과에서는 조직내부의 학습 조직화와 정보 활동에 대한
고려, 시장 불확실성에 대한 대처 등을 측정하고자 하였다. 균형
성과표 항목에서 제기되고 있는 항목들을 공급체인 활동으로 연
계하여 제시하였다.

【표 7】 혁신성과를 측정하기 위한 문항

변 수	설문문항	문항 출처
Ⅳ-13(perf13)	공정과 제품에 대한 혁신	Brewer 등(2000) Kaplan and Morton(1996)
Ⅳ-14(perf14)	파트너십 관리의 증진	Brewer 등(2000) Kaplan and Morton(1996)
Ⅳ-15(perf15)	원활한 정보의 흐름	Brewer 등(2000) Kaplan and Morton(1996)
Ⅳ-16(perf16)	시장에서의 불확실성 감소 수준	Brewer 등(2000) Kaplan and Morton(1996)

이러한 모든 성과 측정지표들은 앞에서 언급한 것처럼, 측정기
업들의 규모가 다양할 것으로 예상되어 비율 척도로 측정하지 않
고 리커트 척도(Likert scale)를 활용하여 등간 척도화하였다.

4) 공급체인 지리적 분산성 측정

또한 공급체인의 지리적 분산성을 측정하고자 경인지역, 충청강
원, 경상전라, 국외 지역으로부터의 공급기업과 구매기업 비율을

측정하였고 이들을 평균하여 관계 기업들의 분산성을 측정하였다.

【표 8】 지리적 분산성을 측정하기 위한 설문문항

지 역	서울, 경인	충청, 강원	경상, 전라	국외(기타)	합 계
백분율	( )%	( )%	( )%	( )%	100%

분산 수준에 대한 척도를 정하기 위하여 지역별 가중치를 고려한 【식 4】를 활용하였다.

$$\sum_{i=1}^{4}(i \cdot x_i) \quad\text{【식 4】}$$

i: 지역

x_i: 특정지역에서의 구매 및 공급비율

서울·경인지역은 1, 충청·강원은 2, 경상·전라는 3, 기타 지역은 4의 가중치를 주어 1에 가까울수록 낮은 분산성과 근거리를, 4에 가까워질수록 높은 분산성과 원거리를 보이도록 척도를 부여하였다. 이러한 과정은 기존의 Stock 등(2001)의 연구에서의 분산성 측정에 비하여 개별 기업과의 관계성을 고려하여 발전시킨 것이다.

5) 기업 일반사항 측정

네 번째 부분은 기업 일반문항으로 벤처확인 유형과 업종, 자본금, 매출액 수준을 파악하였다. 이러한 기업 일반 문항은 연구 분

석을 위한 중요변수로 활용되지는 않지만 비응답 오류 수준을 파
악하기 위한 기초자료로 활용된다.

【표 9】 기업 일반사항을 측정하기 위한 설문문항

변 수	설문문항
gene1(Ⅶ-1)	벤처기업 지정 형태
gene2(Ⅶ-2)	창업연도
gene3(Ⅶ-3)	벤처기업 지정연도
gene4(Ⅶ-4)	업종
gene5(Ⅶ-5)	설립당시 및 현재의 자본금 수준
gene6(Ⅶ-6)	매출액 수준
gene7(Ⅶ-7)	종업원 수준
gene8(Ⅶ-8)	생산 품목 수
gene9(Ⅶ-9)	대표 품목의 시장 점유율

3. 문항 타당화 절차 및 가설검정 방법

이하에서는 가설검정과 문항 타당화 과정을 수행하기 위하여
활용되어지는 구체적인 분석방법과 분석도구를 소개한다.

1) 문항 타당화 분석

제기되어진 설문문항들이 적절히 분석 대상인 개념(construct)

을 측정하고 있는가를 파악하기 위하여 문항 타당화 과정을 실시하였다. 기존에는 Churchill(1979) 등이 제시한 절차에 따라서 정화, 단일 차원성, 신뢰성, 타당성 검토를 실시하였으나 본 연구에서는 기존의 절차와는 달리, 단일 차원성을 기존의 탐색적 요인분석을 실시하고 신뢰성과 타당성은 공분산 구조분석을 통하여 엄격한 분석 개념에 접근하고자 하였다. 이러한 공분산 구조분석은 Lisrel 6.12판을 활용하여 실시하였다.

2) 경로계수 분석

경로계수 분석을 통한 인과관계의 유의성은 회귀분석을 통하여 실시하는 것이 일반적이었다. 그러나 기존의 선형회귀분석은 독립변수들의 상관성을 배제하는 다중 공선성 문제를 심각하게 고려함으로써, 현실에 대한 설명보다는 예측으로 해석의 범위가 축소되는 한계를 지니고 있었다. 즉, 독립변수들이 종속변수들에 미치는 직접효과만을 측정함으로써 타 독립변수들에 의한 간접효과를 측정하지 못한다는 것이다.

이러한 간접효과를 오류 없이 파악하기 위해서는 경로분석이나 공분산 구조분석을 활용하게 되는데 경로분석의 경우에는 측정변수와 이론변수를 동질화함으로써 측정오차를 무시하는 한계가 있어 본 연구에서는 활용하지 않았다.

3) 공급체인 유형 및 방향성 분류

집단화를 위한 중요변수들을 활용하여 동일한 비중으로 각 케이스들의 유사성을 파악하기 위하여 K-평균 군집분석을 실시하였다. K-평균 군집분석은 군집분석 중에서 비계층적 군집화를 위한 방법으로 군집의 수를 미리 정하는 경우에 유용한 방법으로 알려지고 있다. 한번의 군집이 묶일 때마다 각 군집별로 그 군집의 평균을 중심으로 군집 내 케이스들 간의 유클리디안 거리의 합을 구하는데, 이때 발생하는 계산상의 오류를 최소화하는 방향으로 개선되어진다는 점이 특징이 된다.

제4장 실증적 분석

본 장에서는 3장에서 제시된 연구모형과 가설을 실증분석하기 위한 자료 수집 과정과 가설검정 절차 및 통계적 분석 결과를 제시하였다.

제1절 자료 수집

1. 설문지 조사 및 조사대상 접근절차

연구대상기업들은 경인지역 벤처기업들을 대상으로 하였으며 2002년 7월 현재 벤처기업으로 확인된 인천지역 520개 전 기업과 수도권의 20개 기업을 포함하여 총 540개 기업을 대상으로 설문지법을 활용하였다. 인천 벤처기업협회의 지원을 통하여 설문지 발송 후 일대일 확인 전화를 실시하였고 공급체인 연구의 특성상 최고 경영층의 응답을 유도할 수 있도록 협조를 구하였다.

1차 회수된 97부에 이어서 반송하지 않은 기업들을 대상으로 동일한 내용의 설문지를 발송하여 추가로 회수된 32부를 회수하였다. 따라서 회수된 설문지는 총 129부이며 회수율은 약 24%였다. 회수된 129부 중에서 부적절한 응답을 기재한 설문지는 나타나지 않았고 모든 회수된 설문지는 최고 경영층의 확인이 있는 것으로 판단되었다.

2. 표본의 특성

여기에서는 연구대상인 국내 벤처기업들에 대한 사전적 고찰을 통하여 벤처기업의 개념과 범위를 파악하여 공급체인 연구에의 적절성을 유도하고 아울러 응답기업들에 대한 기술적 통계치들을 살펴본다.

1) 국내 벤처기업의 유형

벤처기업(venture business)에 대한 공통된 정의가 있는 것은 아니지만 일반적으로 "위험성은 크나 성공할 경우 높은 기대수익이 예상되는 신기술, 신지식 또는 아이디어 보유 신생기업"으로 정의할 수 있다. 구미의 경우에는 'New-technology based firm' 혹은 'Risky business'로 불리고 있다.

국내의 경우에는 1997년 8월에 『벤처기업 육성에 관한 특별 조치법』을 제정하여 벤처기업의 범위를 법적으로 규정하고 있으며 정부의 각종 지원혜택을 받을 수 있는 벤처기업의 종류는 벤처캐피탈 회사 투자기업, 연구개발 투자기업, 특허기술 개발기업, 신기술 개발기업 등 크게 4가지의 형태로 규정하면서 중소기업청장에 의해 벤처기업 여부를 확인하도록 하고 있다(인천지방 중소기업청, 2000).

① 벤처캐피탈 투자기업

창업 후 7년 이내에 창업투자회사, 한국벤처투자조합, 신기술사업금융업자 등 각종 벤처캐피탈 투자회사로부터 투자를 받아 투자 총액[2]이 자본금의 20% 이상인 중소기업 혹은 출자(주식인수)

총액이 자본금의 10% 이상인 중소기업을 말한다.

② 연구개발 투자기업

직전 사업연도의 총매출액 대비 연구개발비가 5% 이상인 기업 혹은 최근 창업한 기업의 경우에는 벤처기업 확인을 요청한 시점이 속하는 분기의 직전 2분기 이상의 매출액 혹은 연구개발비를 직전 사업연도의 매출액 혹은 연구개발비로 산정하여 5% 이상의 비율을 가지는 중소기업을 말한다.

③ 기술평가 기업

창업 중인 기업으로서 평가기관의 기술성 혹은 사업화 능력이 우수하다고 평가한 기업이나 신기술개발기업의 기준에 미달하거나 의장권 보유기업으로 특허권, 실용신안권, 의장권을 사업화하는 상품이 매출액의 50% 이상을 차지하거나 수출비중이 25% 이상인 중소기업을 의미한다.

④ 신기술개발기업

대통령령에서 정하는 신기술 개발사업에 해당하고 당해 사업의 매출액 비중이 50% 이상(수출 비중이 25% 이상)으로서 "벤처기업 활성화위원회"의 심의, 의결을 거친 중소기업이거나 「외국인투자 촉진법」에 의거 도입된 기술로서 조세면제 대상인 고도 기술 및 다른 법률에 의한 기술개발사업으로서 신기술 혹은 지식을 사업화하는 상품의 매출액이 50% 이상인 중소기업을 말한다.

---

2) 주식을 비롯하여 위험분산을 위한 무담보 전환사채(CB), 무담보 신주인수권부사채(BW) 인수를 포함.

2) 응답기업의 기술 통계

응답한 경인지역 벤처기업들의 기술 통계량은 【표 10】, 【표 11】과 【표 12】에서 나타나 있는 것처럼, 50명 내외의 종업원과 100억 미만의 연간 매출액을 보이는 제조업체들이 대부분을 차지하고 있다.

【표 10】 응답기업들의 규모

	매출액(백만 원)	종업원(명)
평 균	6937.02	48.29
범 위	44964	245
최소값	36	5
최대값	45000	250

따라서 최초에 공급체인 조사를 위한 연구목적을 달성하기에 적절한 대상기업으로 파악되었으며, 특히 산업재 생산기업들이 대부분을 차지하고 있어 공급체인에 대한 관심 수준도 높을 것으로 기대되었다.

【표 12】에서 볼 수 있는 것처럼, 1990년대 후에 벤처기업이 정부에 의해 지정된 점을 고려해 볼 때, 그 이전에 창업한 기업의 비율이 낮지 않다는 점에서 공급체인 유지 및 관계에 대한 상당한 경험이 축적된 기업들이 응답한 것으로 볼 수 있어 연구대상으로는 적절한 것으로 판단되었다.

【표 11】 응답기업들의 유형

		빈 도	비율(%)	누적비율(%)
업 종	기계금속	33	26	26
	전기전자	21	16	42
	정보통신	21	16	58
	화공/화학	10	8	66
	기계장비	19	14	80
	기 타	25	20	100
	합 계	129	100	

【표 12】 벤처확인 유형

			창업구분					합계
			1970 년이전	1970 년대	1980 년대	1990 년대	2000 년대	
벤처 지정	벤처캐피탈 투자기업	빈 도				4		4
		합계 %				3.1		3.1
	연구개발 투자기업	빈 도	2		1	8		11
		합계 %	1.6		.8	6.2		8.5
	신기술 개발기업	빈 도		13	19	37	2	71
		전체 %		10.1	14.7	28.7	1.6	55.0
	기술평가 기업	빈 도			10	27	6	43
		합계 %			7.8	20.9	4.7	33.3
합 계		빈 도	2	13	30	76	8	129
		벤처지정 %	1.6	10.1	23.3	58.9	6.2	100.0
		창업구분 %	100.0	100.0	100.0	100.0	100.0	100.0
		합 계 %	1.6	10.1	23.3	58.9	6.2	100.0

다음으로 비응답표본 오류를 파악하기 위하여 초기 회수 기업과 후기 응답기업들에 대한 차이 비교를 실시하였다. 초기 응답기업과 후기 응답기업 간의 차이를 비교하여 비응답표본 오류를 검토했는데 평균 비교분석(t-test)을 이용하였다(Armstrong 등 1977). 매출액과 종업원 수, 창업당시 자본금 수준 등에서 등분산성을 검토한 결과, Levene 통계량이 유의하지 않아 등분산성을 가정에 문제가 없었다.

세 가지의 검정 변수들에서 유의한 차이를 보이지 않아 연구대상으로 포함되지 않은 기업과 연구대상기업 간에는 무시할 수 있는 차이가 있는 것으로 보여, 표본의 전체 경인지역 벤처기업들에 대한 대표성에는 큰 무리가 없는 것으로 나타났다.

【표 13】 비응답 오류의 검토

	Levene-test		t-검정 결과	
	F값	유의확률	t값	유의확률
매출액	.007	.932	-.091	.927
종업원	.322	.572	.194	.847
창업 자본금	.012	.913	-.079	.937

이러한 사전분석 결과를 바탕으로 이하에서는 기존의 문항 개발 절차에 대한 문제점을 제기하고 이를 수정한 방법을 통한 새로운 측정개발 절차를 중심으로 실증분석을 실시하였다.

제2절 측정 도구에 대한 신뢰성 및 타당성 검토

공급체인 성과를 파악하기 위한 연구목적을 수행하기 위하여 활용하고 있는 측정 측도들의 적절성을 파악하기 위한 과정을 수행하기 위하여 차원성, 신뢰성, 타당성 검토의 과정을 순서대로 진행하였다.

1. 타당화 과정

공급체인 구조연구에서도 다른 연구분야에서와 같이 이론에 대한 실증분석이 중요한 연구분야로 고려되어지고 있다. 그러나 이러한 추세에도 불구하고 가장 중요한 실증연구의 측면인 개념타당화 과정에서의 구조방정식 모형을 활용한 연구는 거의 없다고 할 수 있는데 가장 큰 이유는 구조방정식 자체가 상당한 수준의 기술적인 면을 요구하고 있기 때문인 것으로 알려지고 있다(Garver 등, 1999).

이러한 기존연구의 문제점을 고려하여 본 연구에서는 구조방정식을 통한 문항 타당화 과정을 통하여 단일 차원성, 신뢰성, 집중 타당성, 판별 타당성 대한 개념과 분석을 함께 실시하였다.

2. 단일 차원성 평가

단일 차원성은 일단의 측정 도구들에 하나의 잠재속성 혹은 하나의 구성개념이 존재하는 것으로 개념화된다. 이러한 단일 차원성은 공분산 구조모형에서 단일의 이론변수들에 대한 측정변수들의 계산되어진 개별적 모수 추정값과 이의 t-값으로 검증된다.

【표 14】 X 측정 모형 단일 차원성

1. 장기적 공급관계 KMO-0.761
Bartlett 단위행렬 검정: 유의확률 0.000

변수명	장기적 공급관계	설명력
Ⅱ-1	.841	
Ⅱ-2	.903	
Ⅱ-4	.753	71.151%
Ⅱ-13	.870	
아이겐값	2.846	

2. 정보활용 KMO-0.775
Bartlett 단위행렬 검정: 유의확률 0.000

변수명	정보활용	설명력
Ⅱ-3	.767	
Ⅱ-5	.765	58.895%
아이겐값	1.178	

3. 기술지원 KMO-0.841
Bartlett 단위행렬 검정: 유의확률 0.000

변수명	기술지원	설명력
Ⅱ-6	.784	
Ⅱ-7	.764	
Ⅱ-8	.892	69.781%
Ⅱ-11	.636	
아이겐값	2.794	

4. 합리적 선정 KMO-0.779
Bartlett 단위행렬 검정: 유의확률 0.000

변수명	합리적 선정	설명력
Ⅱ-8	.825	
Ⅱ-10	.471	64.734%
Ⅱ-12	.693	
아이겐값	1.942	

여기에서 t-값이 대략 2 이상인 경우에 95% 신뢰수준에서 통계적으로 유의한 것으로 결론을 내린다. 이러한 단일 차원성의 개념을 바탕으로 본 연구에서는 동일한 통계적 결과를 유도할 수 있는 탐색적 요인분석을 통하여 단일 차원성을 파악한다. 이를 위하

여 각 이론변수의 측정변수들에 대하여 하나의 잠재적 변수로 군집화되도록 모형을 설계하여 이의 적절성을 통하여 차원성 검정을 실시하였다.

요인분석을 실시하기에 앞서 각 측정문항에서의 응답치들이 단위행렬인지를 검토하기 위하여 Bartlett 단위행렬 검정을 실시하였으나 모두 단위행렬로 나타나지 않아 단일 차원 내의 문항들은 일정 수준의 상관관계를 가지는 것으로 나타났다. 탐색적 요인분석을 통한 결과인 【표 14】에서처럼 모든 모수 추정치들이 통계적으로 유의한 결과를 보이고 있어 단일 차원성은 확보된 것으로 볼 수 있다.

연구모형에서 X 측정 모형에 속하는 공급체인 유형의 각 구성개념들에 대한 단일 차원성은 확보되었으며 공급체인 분산성은 단일 항목으로 측정하였으므로 차원성 검토에서 제외하였다.

X 측정 모형에서와 마찬가지로 Y 측정 모형에 속하는 공급체인 방향성과 균형 성과표 4가지 구성개념들에 대하여 단일 차원성을 검토하였는데, 【표 15】에서 볼 수 있는 것처럼 모든 구성개념들에서 단위행렬을 보이지 않은 수준에서 단일 차원성이 확보되었다.

단일 차원성 검토 후에 다수의 구성개념들을 활용하여 정보의 손실을 최소화하며 단일의 잠재적 요인으로 변환하는 데 있어 변환의 설득력을 확보하기 위하여 2차 요인분석을 실시한다. 여기에서 다수의 구성개념들은 1차 요인이라 하고, 잠재적 요인을 2차 요인이라 한다(Mentzer 등, 1999).

기존에는 탐색적 요인분석을 실시하여 단일 차원성을 검토하고 요인 점수를 활용하여 단일 변수화하거나 측정변수들에 대한 산술 평균치를 활용하여 구성개념을 척도화하고 있으나 이러한 방법들에서는 측정변수들의 분포상의 가정을 수렴하는 경우에만 활용 가능하다는 한계를 가진다.

【표 15】 Y 측정 모형 단일 차원성

1. 방향성 KMO-0.723
Bartlett 단위행렬 검정: 유의확률 0.000

변수명	내부공정성과	설명력
I-1	.689	
I-2	.624	
I-3	.738	
I-4	.615	63.336
I-5	.856	
I-6	.823	
I-7	.846	
아이겐값	4.45	

2. 내부공정성과 KMO-0.781
Bartlett 단위행렬 검정: 유의확률 0.000

변수명	내부공정성과	설명력
IV-1	.843	
IV-2	.881	
IV-3	.842	74.049%
IV-4	.875	
아이겐값	2.962	

3. 고객성과 KMO-0.800
Bartlett 단위행렬 검정: 유의확률 0.000

변수명	고객성과	설명력
IV-5	.893	
IV-6	.879	
IV-7	.845	70.568%
IV-8	.734	
아이겐값	2.823	

4. 재무성과 KMO-0.705
Bartlett 단위행렬 검정: 유의확률 0.000

변수명	재무성과	설명력
IV-9	.797	
IV-10	.796	
IV-11	.953	74.444%
IV-12	.896	
아이겐값	2.978	

5. 혁신성과 KMO-0.776
Bartlett 단위행렬 검정: 유의확률 0.000

변수명	혁신성과	설명력
IV-13	790.	
IV-14	.867	
IV-15	.871	72.189%
IV-16	.868	
아이겐값	2.888	

【그림 6】 공급체인 유형과 경영성과의 2차 요인분석 모형

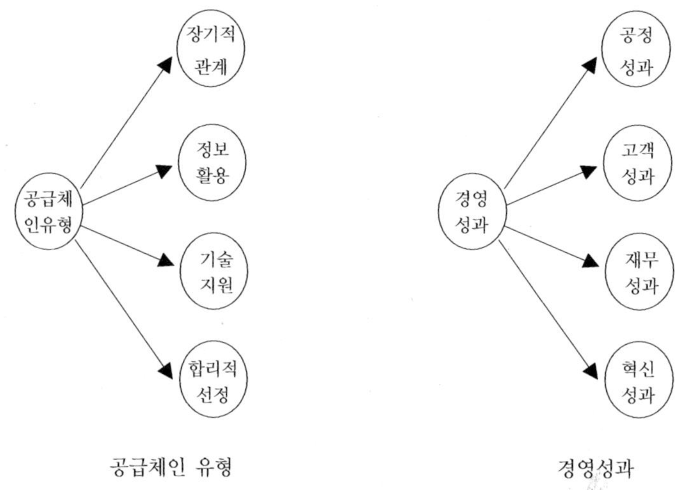

【표 16】 공급체인 유형의 2차 요인분석 모형 적합도[3]

구 분	χ^2	GFI	AGFI	RMR	NFI
적합 지수	558.56 (DF:61)	.95	.92	.098	.91

---

3) GFI: 가장 일반적으로 활용되는 적합치로 예측된 분산－공분산 행렬
이 실제 분산－공분산 행렬을 설명하는 비율로 회귀분석의 R^2와 동
일한 의미를 가진다. 그래서 GFI는 0과 1 사이에 값이 위치하며 0.9
이상인 경우에 양호한 모형을 의미한다.
AGFI: 자유도에 의해 영향을 받는 GFI를 조정한 것으로 산출되는
미지수가 0일 때의 GFI와 동일하다. 자유도가 작아지는 경우에 GFI
를 감소시키기 때문에 산출될 미지수의 수가 많은 경우에 GFI보다
낮은 수치를 보인다. 회귀분석의 조정 R^2와 동일한 의미를 가진다.
RMR: 관찰된 공분산 행렬과 예측된 공분산 행렬 간의 차이를 의미
하는 잔여 공분산 행렬을 모두 더해 제곱근을 한 것으로 잔차평균이
된다. 일반적으로 0.05 수준 이하인 경우에 아주 양호한 모형으로 평

【표 17】 경영성과(균형 성과표)의 2차 요인분석 모형 적합도

구 분	χ^2	GFI	AGFI	RMR	NFI
적합 지수	322.97 (DF:100)	.99	.99	.061	.99

본 연구에서도 공급체인 유형, 경영성과 이론변수들에 대하여 2차 요인 확정적 분석을 실시하고 모형은 【그림 6】과 같고 【표 16】, 【표 17】과 같은 적절한 수준의 적합도를 구할 수 있었다.

높은 수준의 적합도와 함께, 【표 18】에서 볼 수 있는 것처럼, ga(감마)계수 또한 통계적으로 유의한 것으로 나타나 잠재적으로 단일의 개념에 영향을 미칠 수 있는 외생 이론변수임을 알 수 있다.

특히 미지수화 되어있는 모수가 통계적으로 유의하다는 것은 단일의 구성개념을 측정하기 위한 측정변수들로 구성되어 있다는 것을 의미한다(Jöreskog 등, 1989).

가한다.
NFI: 모든 측정문항이 하나의 요인을 측정하고 있다는 가정하에서의 null 모형과 연구자가 설정한 모형 간의 거리 비율을 계산한 것이다. 따라서 null 모형에서 설정된 모형에 의해 설명되어지는 전체 정보의 비율을 의미한다.

【표 18】 2차 요인분석에 의한 단일 차원성

	ξ1(공급체인 유형)		η1(경영성과)
η1(장기적 관계)	.59*	η1(공정성과)	.72*
η2(정보활용)	.74*	η2(고객성과)	.87*
η3(기술지원)	.63*	η3(재무성과)	.76*
η4(합리적 선정)	.38*	η4(혁신성과)	.65*

·*:$P < 0.05$

3. 신뢰성 분석

신뢰성은 구성개념(construct)을 측정하는 데 있어서의 측정 도구들의 내적 일관성을 의미하는 것으로 측정 오차는 신뢰성을 낮추는 가장 중요한 요소가 될 것이며 신뢰성 분석 자체가 단일 차원성을 가정하여 이루어지고 있으므로 단일 차원성 분석 다음 단계에서 이루어지는 것이 일반적이다.

전통적으로 크론바하 알파(Cronbach α)를 활용하여 신뢰성을 측정하고 있으나 이러한 측정방법에는 기본적으로 세 가지의 단점을 내포하고 있다. 첫째, 신뢰성 지수 자체가 가지는 정확성 문제이다. 항목들의 수가 많아지는 경우에는 인위적으로 신뢰계수 자체가 올라가는 수식상의 오류가 이에 해당한다. 이러한 이유로 잘못 선정된 문항들이라고 하더라도 단지 문항수가 많다는 이유만으로 신뢰수준은 높은 것으로 해석상의 오류를 일으키게 된다.

두 번째는 전통적 신뢰성 지수는 일관성을 개념화한 것이라는 것
이다. 일관성은 개념적으로 상당히 측정하기가 어려운 것이며 측
정오차가 있는 일반적인 분석에서는 그 어려움의 수준이 더욱 높
아지게 된다. 세 번째는 단일 구성개념 항목 영역 내의 모든 문항
들은 동일한 수준의 신뢰성을 가지는 것으로 가정하고 있다는 것
이다. 대부분의 경우에 이러한 모든 문항들의 신뢰수준이 동일하
다고 결론 내릴 수 있는 경우는 없다고 보아야 할 것이다. 결론적
으로 크론바하 알파가 신뢰성을 측정하고자 하는 중요한 지수로
활용되고 있기는 하지만, 또한 많은 한계점을 안고 있는 것이 사
실이다(Bienstock 등, 1997). 따라서 본 연구에서는 이러한 문제점
을 일부 보완하고 있는 새로운 신뢰성 지수와 크론바하 알파를
함께 제시하였다.

본 연구에서의 구성개념들에 대한 신뢰성 지수는 다음의 【식
4】를 활용하여 구하였다. 이 공식의 가장 큰 특징은 각 항목들의
신뢰성 수준이 모두 동일한 것으로 가정하고 있지 않다는 것이다.

$$개념신뢰도 \; = \; \frac{(\sum \lambda_j)^2}{[(\sum \lambda_j)^2 + \sum (1 - \lambda_j^2)]} \quad \cdots\cdots\cdots 【식 \; 5】$$

여기에서 분자 부분은 단일 구성개념 항목 영역 내의 예측치의
합을 제곱한 것을 가리키고 분모 부분은 분자 부분에 모든 측정
오차를 합한 것이다. 대부분의 경우에 이 수치는 크론바하 알파와
유사한 수준으로 나타나며 0.65 이상인 경우에 적절한 것으로 보
고 있다(Bienstock 등, 1997).

【표 19】 외생이론변수의 신뢰성

		경로지수	제거 후 α	개념 신뢰도	크론바하 α
장기적 관계	II-1	.70*	.8279	0.9279	8590
	II-2	.82*	.7734		
	II-4	.72*	.8663		
	II-13	.81*	.8033		
정보활용	II-3	.74*	-	.6351	.6524
	II-5	.28*	-		
기술지원	II-6	.74*	.7029	.8538	.7582
	II-7	.61*	.7125		
	II-8	.80*	.5906		
	II-11	.55*	.7860		
합리적 선정	II-8	.37*	.4701	.6114	.6603
	II-9	.05	.7272		
	II-12	1.00	.4034		

*: $p < 0.05$

　이외에도 잠재변수를 통하여 파악할 수 있는 분산의 수준으로 구성개념의 신뢰성을 측정하기도 한다. 다시 말하면 잠재변수에 의해서 설명되는 각 측정항목의 분산 수준이라고 할 수 있다. 이의 공식은 【식 5】와 같다. 이 수치의 경우에는 0.5 이상인 경우에 적절한 신뢰수준을 가진 것으로 평가하고 있다.

$$\text{추출분산치} = \frac{(\sum \lambda_j^2)}{[(\sum \lambda_j^2) + \sum(1 - \lambda_j^2)]} \quad \cdots\cdots\cdots 【식 6】$$

본 연구에서는 【식 4】를 활용하여 각 측정범주에 대한 신뢰성을 구하여 신뢰성 수준의 하한치가 사전적으로 가정되어 있는 크론바하 알파 지수와 함께 활용한다.

【표 19】, 【표 20】에서 제시되고 있는 외생이론변수와 내생이론변수들의 신뢰성 검증결과에서 정보활용을 제외한 모든 측정개념들이 Nunnally(1978)가 제시한 탐색적 연구의 기준인 0.65를 상회하고 있으며, 공분산 구조분석에서의 신뢰성 지수도 크론바하 α와 큰 차이를 보이지 않아서 문항 개발을 위한 기준을 충족하고 있다.

공급체인 방향성과 재무성과 항목 중에서 제거 후 신뢰지수가 일부 상승할 수 있는 문항들이 나타나 항목 제거가 고려되었다. 그러나 신뢰도 상승 수준이 미약하고 전체 구성개념의 신뢰성이 낮지 않다는 점, 그리고 본 연구에서 해당 구성개념을 측정하기 위하여 반드시 필요한 항목이라는 점을 고려하여 제거하지 않았다.

【표 20】 내생이론변수 신뢰성

		경로지수	제거 후 α	개념신뢰도	크론바하 α
공급체인 방향성	I-1	.59*	.7659	0.7846	.7990
	I-2	.67*	.7842		
	I-3	.65*	.7691		
	I-4	.56*	.7856		
	I-5	.84*	.7343		
	I-6	.26*	.8253		
	I-7	.81*	.7286		
공정 성과	IV-1	.75*	.8591	0.9542	.8827
	IV-2	.84*	.8378		
	IV-3	.79*	.8593		
	IV-4	.85*	.8407		
고객성과	IV-5	.92*	.7846	0.9186	.8569
	IV-6	.82*	.7946		
	IV-7	.76*	.8147		
	IV-8	.58*	.8717		
재무성과	IV-9	.75*	.8813	0.8510	.8826
	IV-10	.72*	.8843		
	IV-11	.75*	.7902		
	IV-12	.68*	.8337		
혁신성과	IV-13	.66*	.8639	0.9360	.8702
	IV-14	.86*	.8251		
	IV-15	.87*	.8233		
	IV-16	.75*	.8224		

*: $p < 0.05$

4. 타당성의 평가

공급체인 성과를 파악하기 위한 연구목적을 수행하기 위하여 Lisrel 8.12 판을 이용하여 공분산 구조분석을 실시하였다. 프로그래밍을 위한 투입자료로 상관계수 행렬을 활용하였으며 【부록 5】와 같다. 공분산 자료를 활용하지 않고 상관관계 자료를 투입자료로 활용한 것은 모든 문항들에서의 척도가 동일하다는 점과 경로계수의 상호 비교가 연구목적이라는 점을 반영한 것이다.

1) 정규성 검토 및 내용 타당성의 평가

자유 특징 수 추정을 위한 최우추도법(ML) 활용을 위하여 상관관계 행렬의 정규성을 검토하였다. 우선 예측된 잔차(fitted residuals)들의 값이 ±1.0 사이에 위치하는 경우에 모델의 양호성을 입증하는 것으로 알려지고 있으나, 예측 잔차는 측정 척도에 민감한 것으로 알려져 있으므로, 여기에서는 표준화된 잔차들의 분포를 stem-leaf 챠트를 통하여 살폈다. 즉 이 행렬의 값들은 표준화된 값들이므로 ±2.58 이내에 위치하는 경우에 모델의 양호성을 보인다고 볼 수 있다(양병화, 1999).

【그림 7】과 【그림 8】에서 볼 수 있는 것처럼, stem-leaf 챠트를 모델의 양호성을 살필 수 있으며 잔차들에 대한 Q-Q 챠트를 통하여 자료의 다변량 정규성에는 큰 이상을 발견하지 못하였으므로 최우추도법(maximum likelihood method)을 활용한 미지수 추정을 실시하였다.

다음으로 측정문항들의 타당성을 파악하기 위하여 생산관리 및

112

마케팅 전문 교수와 생산관리 전공 박사과정, 그리고 실무 직원들의 사전 응답을 문항 개발에 반영하였고 기존연구의 문항들을 적극적으로 활용하였다는 점에서 내용 타당성(content validity)에는 큰 이상이 없는 것으로 볼 수 있다.

【그림 7】 stem-leaf 챠트

```
STEMLEAF PLOT
STEMLEAF PLOT
-1.0|761
-. 9|886554311
-. 8|987543210
-. 7|99999873100
-. 6|9988855221111100
-. 5|99887776655555533321000
-. 4|99998888777666665444333222222211111000
-. 3|998887666666655555444332211110000
-. 2|99999999888887766665555554433333333332222111111000
-. 1|99888877777666665555554444443333333332222111111000000
-. 0|99999988887777777766666666555555544433333322221111110000000000000000000000+11
. 0|11111111222222233333333333444444556666677777777788888888999
. 1|00001111112222222223333344444566666666677777777778888999999999
. 2|0000111222222222333333444444555555555666666677777777788899999999
. 3|00000000001111222233333344455555566666777778888888999999
. 4|01111222222223334444444455555566677788899999
. 5|000000011111222233333456666666678999999
. 6|00012223444466788899
. 7|11123445566688
. 8|000444456789
. 9|1134679
1.0|00126
1.1|368
1.2|0
1.3|68
```

【그림 8】 정규성 검토 Q-Q 도표

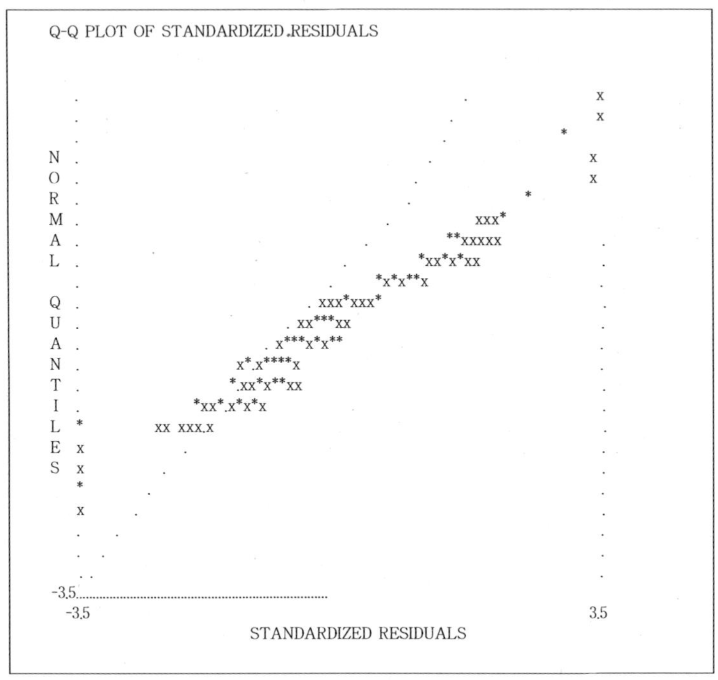

　다음으로　집중　타당성(convergent　validity)과　판별　타당성
(discriminant validity)을 바탕으로 개념 타당성(construct validity)
을 측정하였다. 여기에서 집중 타당성은 동일한 의미를 가지는 잠
재변수를 측정하기 위한 items들과 잠재변수 간은 관련성을 파악하
고 판별 타당성은 다른 의미는 가지는 잠재변수 간의 관련성 수준
이 어느 정도로 낮은가를 바탕으로 측정하였다.

2) 집중 타당성의 평가

측정항목들이 하나의 잠재변수를 측정하고 있으면 집중 타당성이 확보된 것으로 본다. 따라서 각 요인적재량이 통계적으로 유의하다면 집중타당성이 있는 것이다.

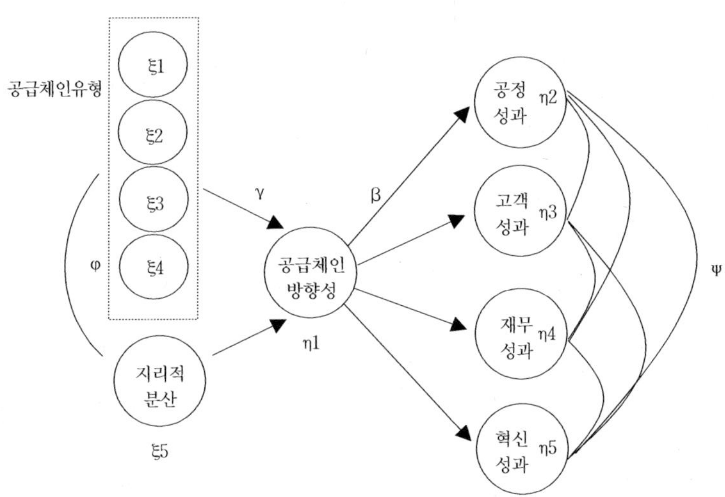

【그림 9】 집중 타당성 파악을 위한 제안 모형

그러나 표본 수와 검정력이 유의성 과정에서 상당한 영향력을 미치게 되므로 단순하게 유의성만을 통하여 집중 타당성이 확보되었다고 보는 것은 문제가 있다. 따라서 본 연구에서는 측정 모형 전체의 적합도 수준을 함께 고려하여 각 측정치의 방향성, 크기, 통계적 유의성을 함께 살피게 된다. 그리고 공분산 구조분석을 활용한 집중 타당성은 연구모형의 적합성을 평가하기 위하여 제공되는 평가지표인 χ^2와 추가 적합지수로 평가를 한다. 연구모형에 대한 집중 타당성을 파악하기 위하여 【그림 9】에서처럼, 검증 가능한 연구모형으로의 변환을 실시하여 타당성 검토를 실시하였다.

【표 21】 제안 연구모형의 적합도

구 분	χ^2	GFI	AGFI	RMR	NFI
적합 지수	10752.64 (df:581)	.91	.85	0.09	.85

【표 22】 Y 측정 모형 집중 타당성

	방향성	공정성과	고객성과	재무성과	혁신성과
Ⅰ-1	.59(12.34)				
Ⅰ-2	.67(13.70)				
Ⅰ-3	.65(13.32)				
Ⅰ-4	.56(11.92)				
Ⅰ-5	.84(15.76)				
Ⅰ-6	.26(6.08)				
Ⅰ-7	.81(15.50)				
Ⅳ-1		.75(2.81)			
Ⅳ-2		.84(2.82)			
Ⅳ-3		.79(2.81)			
Ⅳ-4		.85(2.82)			
Ⅳ-5			.92(16.76)		
Ⅳ-6			.82(2.46)		
Ⅳ-7			.76(2.84)		
Ⅳ-8			.58(2.26)		
Ⅳ-9				.75(7.79)	
Ⅳ-10				.72(7.61)	
Ⅳ-11				.75(7.67)	
Ⅳ-12				.68(7.52)	
Ⅳ-13					.66(14.91)
Ⅳ-14					.86(18.38)
Ⅳ-15					.87(18.53)
Ⅳ-16					.75(16.69)

( ): t-value
*: p〈0.05

집중타당성을 파악하기 위한 연구모형의 적합도 수준은 【표 2

1】에서 제시하고 있는 것처럼 모두 양호한 수준을 보였다. 적합도 수준의 파악에 있어 기본적으로는 χ^2의 유의성을 활용하지만 표본 수에 대한 민감성과 정규분포에 대한 민감성 등으로 인하여 추가 적합지수를 활용하는 것이 권고되고 있으며 이러한 점을 반영하여 GFI, RMR, NFI 등의 적합지수를 통하여 현실 모형과 이론 모형 간의 결부성을 측정한 것이다.

아울러 【표 22】와 【표 23】의 모형 계수 평가를 통하여 전체 외생이론변수들에 대하여 각 문항 영역(domain) 내의 문항들이 특정 이론변수의 측정문항으로 구조화하여 경로를 설정한 경우에 높은 t-값을 보이고 있어 집중 타당성은 확보된 것으로 볼 수 있다(Jöreskog 등, 1989).

【표 23】 X 측정 모형 집중 타당성

	장기적 관계	정보활용	기술지원	합리적 선정	지리적 분산
II-1	.70(19.11)				
II-2	.82(24.43)				
II-4	.72(20.84)				
II-13	.81(23.83)				
II-3		.74(17.83)			
II-5		.18(4.84)			
II-6			.74(20.77)		
II-7			.61(17.26)		
II-8			.80(24.18)		
II-11			.55(14.50)		
II-8				.37(8.52)	
II-9				.16(2.83)	
II-12				1	
V, VI					.39(5.40)

( ): t-value
*: p < 0.05

다만 【표 23】에서 일부 측정변수들에 대하여 0.4 이하의 λ(람다)[4] 계수값을 가지는 경로가 나타나고 있으나 이 경우에도 95% 신뢰수준에서 t-값이 유의한 것으로 나타나 타당성 판단에는 문제가 없었다.

합리적 선정의 세 번째 문항인 '관계 기업에 대한 대량생산에 대한 배려' 문항은 미지수화하는 경우에 전체 프로그램의 수렴이 이루어지지 않아 측정오차를 무시한 1로 고정하여 프로그램을 작성하였다.

---

4) 이론변수로부터의 측정변수에 대한 경로계수.

3) 판별 타당성의 평가

판별 타당성의 경우에는 구성개념이 유사한 의미를 가지는 사회과학 연구에서 반드시 확보하고 있거나 검토과정이 있어야 하는 타당성의 일종이다. 판별 타당성의 일반적인 의미는 각 구성개념 간의 상관관계 수준이 낮아서 응답자들이 명확하게 개념들을 구분하고 있어, 타 개념을 타 측정변수로 측정하는 경우에는 상관관계가 미약해야 한다는 것이다.

판별 타당성을 확보하기 위하여 Dunn 등(1997)은 이론변수 간의 상관관계가 1로 고정되어있는 모형과 그렇지 않은 모형 간의 상관관계 비교과정이 있어야 하고, 카이자승 분석(Chi-square test)을 통하여 이를 통계적으로 검정할 때 판별 타당성 유무를 판단할 수 있다고 보았다. 이때 카이자승 검정이 유의 하다면 판별 타당성이 확보된 것으로 볼 수 있다.

이에 대하여 Anderson과 Gerbing(1988)은 한 번에 한 쌍씩의 차이 비교 분석과정이 이루어지는 것이 전체모형을 비교하는 것에 비하여 더욱 적절하다고 보았다. 그 이유는 한 쌍씩의 비교에서는 유의한 차이가 있지만 다른 쌍에 의해서 그 유의함이 영향을 받을 수 있다는 것이다.

따라서 판별 타당성을 파악하기 위해서는 각 쌍별로 한 쌍씩의 비교가 이루어지는데 제약모형(constrained model)의 경우에는 2개 구성개념 간의 상관관계가 1로 고정된 경우이고 비제약모형(unconstrained model)의 경우에는 2개 구성개념 간의 상관관계가 미지수 상태로 있는 경우의 차이검정을 통하여 판별 타당성을 파악하게 된다.

【표 24】 외생 이론변수 판별 타당성 분석 결과

제약모형	비제약모형	차이
1. 장기적 관계 – 정보활용		
df: 9 $\chi^2=368.79$	df: 8 $\chi^2=360.65$	df: 1 $\chi^2=8.14$
2. 장기적 관계 – 기술지원		
df: 20 $\chi^2=915.30$	df: 19 $\chi^2=649.43$	df: 1 $\chi^2=265.87$
3. 장기적 관계 – 합리적 선정		
df: 14 $\chi^2=286.68$	df: 13 $\chi^2=256.76$	df: 1 $\chi^2=29.92$
4. 장기적 관계 – 분산성		
df: 6 $\chi^2=140.10$	df: 5 $\chi^2=135.92$	df: 1 $\chi^2=4.18$
5. 정보활용 – 기술지원		
df: 9 $\chi^2=126.43$	df: 8 $\chi^2=122.89$	df: 1 $\chi^2=3.54$
6. 정보활용 – 합리적 선정		
df: 5 $\chi^2=166.86$	df: 4 $\chi^2=104.35$	df: 1 $\chi^2=62.51$
7. 정보활용 – 분산성		
df: 3 $\chi^2=86.02$	df: 2 $\chi^2=75.02$	df: 1 $\chi^2=11.00$
8. 기술지원 – 합리적 선정		
df: 14 $\chi^2=348.25$	df: 13 $\chi^2=334.58$	df: 1 $\chi^2=13.67$
9. 기술지원 – 분산성		
df: 5 $\chi^2=355.78$	df: 4 $\chi^2=52.94$	df: 1 $\chi^2=302.84$
10. 합리적 선정 – 분산성		
df: 2 $\chi^2=97.46$	df: 1 $\chi^2=7.49$	df: 1 $\chi^2=89.97$

일반적으로 자유도를 고려하여 제약을 주지 않은 비제약모형의

카이자승 통계치가 유의하게 낮은 경우에 판별 타당성이 확보된 것으로 본다. 본 연구에서는 두 번째 방법을 통하여 각 구성개념별 비교를 실시하여 판별 타당성을 검토하였다.

【표 25】 내생 이론변수 판별 타당성 분석 결과

제약모형	비제약모형	차 이
1. 방향성 - 공정성과		
df: 44 $\chi^2=1889.24$	df: 43 $\chi^2=1034.52$	df: 1 $\chi^2=854.72$
2. 방향성 - 고객성과		
df: 44 $\chi^2=2028.55$	df: 43 $\chi^2=1005.34$	df: 1 $\chi^2=1023.21$
3. 방향성 - 재무성과		
df: 44 $\chi^2=2483.12$	df: 43 $\chi^2=1300.87$	df: 1 $\chi^2=1137.25$
4. 방향성 - 혁신성과		
df: 44 $\chi^2=1863.59$	df: 43 $\chi^2=962.76$	df: 1 $\chi^2=900.83$
5. 공정성과 - 고객성과		
df: 20 $\chi^2=432.81$	df: 19 $\chi^2=403.87$	df: 1 $\chi^2=28.94$
6. 공정성과 - 재무성과		
df: 20 $\chi^2=1179.59$	df: 19 $\chi^2=626.91$	df: 1 $\chi^2=552.68$
7. 공정성과 - 혁신성과		
df: 20 $\chi^2=495.72$	df: 19 $\chi^2=281.24$	df: 1 $\chi^2=215.48$
8. 고객성과 - 재무성과		
df: 20 $\chi^2=919.17$	df: 19 $\chi^2=556.43$	df: 1 $\chi^2=362.74$
9. 고객성과 - 혁신성과		
df: 20 $\chi^2=530.57$	df: 19 $\chi^2=245.20$	df: 1 $\chi^2=285.37$
10. 재무성과 - 혁신성과		
df: 20 $\chi^2=1181.83$	df: 19 $\chi^2=544.73$	df: 1 $\chi^2=637.10$

【부록 3】에 제시되어 있는 것처럼, 5개의 외생 이론변수 각각을 쌍별 비교한 10개의 프로그램과 5개의 내생 이론변수 각각을 쌍별 비교한 10개의 프로그램을 모두 비교하였다.

【표 24】와 【표 25】의 판별 타당성 분석 결과를 통하여 쌍으로 이루어진 이론변수들이 동일하다고 설정하여 ph(파이)[5] 계수를 1로 고정한 경우와 상이한 개념으로 설정한 자유 특징 수화 한 모형 간의 유의한 수준의 차이를 보이고 있어 5개의 외생 이론변수와 5개의 내생 이론변수들에 대하여 판별 타당성은 확보되었다.

이상의 문항 타당화 과정을 통하여 공급체인 성과에 대한 실증 연구를 수행하기 위한 측정 도구로서의 검토과정을 실시하였다. 검토 결과에 의하면 단일 차원성, 신뢰성, 타당성에서 문제점이 나타나지 않았으므로 이하에서는 제기된 가설을 검정을 실시한다.

제3절 가설검정

본 절에서는 3장에서 제시한 연구가설들에 대하여 통계적인 검정을 실시하고 이에 대한 통계적 결론과 시사점을 함께 제시한다.

---

5) 공분산 구조분석에서 외생이론변수 간의 분산 공분산 행렬.

1. 공급체인 유형의 공급체인 방향성에 대한 영향력 검정(가설 1)

기존연구를 바탕으로 가설 1에서는 공급체인 유형이 개별 기업이 속한 공급체인에서의 의도적 방향성 설계에 영향력을 미치게 될 것이라는 점을 제기하였다. 구체적으로 장기적 공급관계 지향성과 정보활용성, 기술지원 수준, 공급기업에 대한 합리적 선정 수준의 영향력을 살피고 있는데 이들을 검정하기 위하여 전체 모형에서의 ga(감마)[6] 계수를 살폈다.

【표 26】에서 살필 수 있는 것처럼, 장기적 공급관계의 형성은 공급체인의 방향성을 내부 지향적으로 유도하고 있음을 알 수 있으며 공급기업에 대한 품질 기준의 선정도 내부 통합화로 유도하는 데 영향력을 미치고 있음이 나타났다. 그리고 정보활용 가능성은 공급체인의 범위를 넓힐 수 있다는 측면에서 공급체인의 외부 지향성을 가속화하는 데 영향력을 가지고 있지만, 기술지원의 수준은 유의하지 않은 수준으로 외부 지향적 공급체인 구축에 영향력을 가지는 것으로 나타났다.

---

6) 공분산 구조분석 모형에서의 외생이론변수의 내생이론변수에 대한 경로계수 행렬.

**【표 26】 공급체인 유형의 공급체인 방향성에 대한 영향력의
가설검정**

	장기적 관계	정보활용	기술지원	합리적 선정
방향성	-.45* (-2.01)	.86* (3.81)	.24 (1.49)	-.30* (-2.80)

* : $p < 0.05$
( ): t-value

이러한 결과는 아직 국내기업들의 공급체인에서는 세부 기술 정보에 대한 공유, 품질 및 경영지도 등의 활동들이 적절하게 이루어지지 않고 있으며 설사 활발하게 경영지도가 이루어지고 있는 경우에도 관계기업과의 관계성 확보를 위한 투자 활동, 경영개선 활동, 정보기술에 대한 투자 활동을 위한 노력으로 이어지지는 못한다는 현실을 반영하고 있다.

다만 기업 간의 장기적 관계 형성은 두 기업 간의 이해관계의 합의를 유도하게 되고 이를 통하여 공급 관련 활동들에 대한 투자수준을 감소시킬 수 있음을 보이고 있다. 반면에 적절한 정보기술에의 투자 활동에 있는 경우에 부가적인 공급 활동에의 투자 활동을 유도하게 되고 이를 통하여 공급체인의 방향성을 외부 지향으로 변화시키는 원동력이 되는 것으로 나타났다.

또한 가격 이외의 품질과 공급기업을 배려하는 업체 선정 노력은 기업 간의 관계성을 내부화한다는 가설이 받아들여짐으로써 오히려 공급 활동 관련 투자를 줄이는 역할을 하는 것으로 나타났다. 장기적으로는 구매 원가 외에 운영비용과 취득 비용의 절감 가능성을 보이고 있다.

2. 지리적 분산성이 공급체인 방향성에 미치는 영향력에 대한 검정(가설 2)

가설 1에 대한 검정 절차와 동일하게 감마 경로계수를 통하여 공급체인의 지리적 분산성이 공급체인 방향성에 미치는 영향력을 파악하였다. 【표 27】에 제시되고 있는 것과 지리적 분산 수준이 높아진다고 해도 공급체인 방향성 구축의 외부 지향화에는 의미 있는 영향력을 가지지 못하는 것으로 나타났다.

【표 27】 지리적 분산성의 공급체인 방향성에 대한 영향력의 가설검정

	지리적 분산 수준
방향성	-.41 (-1.65)

*: p〈0.05
( ): t-value

따라서 국내 기업들의 공급체인 특성에서 지리적 입지에 의한 방향성 결정보다는 공급체인 유형이 기업 간 통합의 형태로 변화한다는 면과 지리적 입지 간에 일정 수준의 관계성이 나타날 것으로 보였다. 따라서 높은 분산 수준을 가지는 공급체인의 경우에 공급체인을 외부 지향적으로 유도한다기보다는 공급체인 유형의 통합적 공급체인 구조 구축과 관련성을 가질 것으로 기대되어 이를 검정하였다.

즉, 개별 기업이 능동적으로 구조화하는 데 영향력을 미칠 수 있는 공급체인 방향성이 아니라 수동적인 입장에 위치할 수밖에 없는 공급체인 유형과 지리적 분산성 간에 관계성이 나타날 것으로 보였다. 이러한 점을 고려하여 공급체인 유형을 평가하기 위한 4가지 요소들을 통합한 공급체인 변수와의 관계성을 파악하기 위한 모형을 【그림 10】과 같이 재구축 하였다.

수정된 모형에서 ph(파이) 분산 공분산 계수를 자유화한 결과, 경로계수의 수준이 .09로 t값이 4.40이 나타나 유의한 상관관계를 가지는 것으로 나타나 미약하지만 인과관계는 아니지만 대칭 관계로서의 연관성을 가지는 것으로 나타났다.

【그림 10】 공급체인 유형과 지리적 분산 관계를 고려한 수정 모형

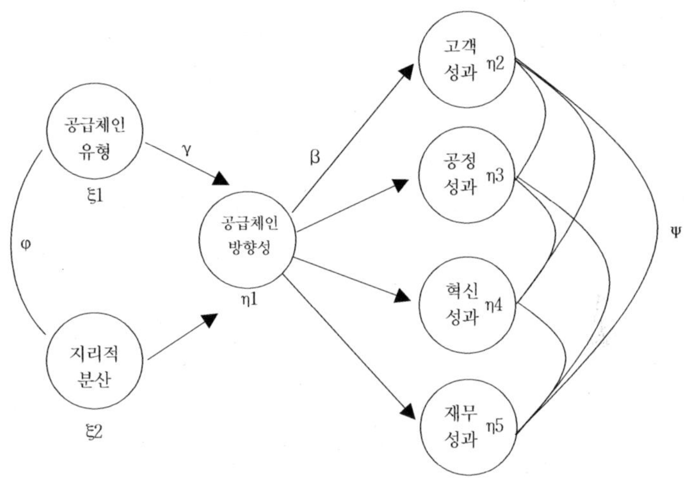

$\chi^2 = 888.19(df:99)$, GFI $=0.93$, NFI $=0.88$, RMR $=0.09$

따라서 직접적으로 지리적 분산 수준이 공급체인 방향성에 미치는 영향력을 파악할 수는 없었지만 지리적 분산성이 공급체인 유형을 통하여 방향성을 외부 지향화하는 데 일정 수준의 영향력을 가질 수 있음을 파악할 수 있었다.

최종적으로 지리적 분산성이 높다는 것은 공급체인 유형을 통합적 구조로 변경하도록 유도를 하게 되고 이러한 점이 결국 공급체인의 외부 지향성을 유도하게 된다는 점을 유추할 수 있었다.

3. 공급체인 방향성이 경영성과에 미치는 영향력에 대한 검정(가설 3)

공급체인 방향성 경향이 균형 성과표 항목 각각에 미치는 영향력을 파악하기 위한 가설 3을 검정하기 위하여 공분산 구조모형의 be(베타)[7] 경로계수를 살폈다. 가설 2를 검정하기 위하여 2차 요인분석을 토대로 한 수정 모형을 활용하여 단일 차원을 바탕으로 한 경영성과를 보고 있으나 가설 3을 검정하기 위해서는 【그림 9】에서의 최초의 제안모형을 바탕으로 가설을 검정한다.

---

7) 공분산 구조분석에서 내생이론변수 간의 경로계수 행렬.

【표 28】 외부 지향성이 경영성과에 미치는 영향력에 대한
가설검정

	방향성
공정성과	-.03 (-0.36)
고객성과	-.30 (-0.70)
재무성과	-.27* (-2.81)
혁신성과	-.03 (-0.57)

* : p < 0.05
( ): t-value

【표 28】에서 볼 수 있는 것처럼, 외부 지향으로의 공급체인 변화는 결국 모든 경영성과에 대하여 부정적 영향력을 가질 수 있음을 제시하고 있다. 특히 재무성과의 경우에는 유의한 수준으로 부정적 영향력을 미치는 것으로 나타나 내부 지향적 공급체인이 경영성과 창출에는 뛰어난 것으로 해석할 수 있다. 이러한 연구결과는 기존의 대규모 기업들을 대상으로 한 Frohlich 등(2001)의 연구와 상반되는 것으로 국내 공급체인의 성과 연계성에 대하여 문제점이 제기될 수 있을 것이다.

이러한 재무성과에 미치는 영향력은 직접 효과 이외에 간접 효과를 통하여 설명할 수 있는데 【표 29】의 외생이론변수의 내생이론변수에 대한 간접효과 측정치를 통하여 파악할 수 있다.

【표 29】에서 제시된 바와 같이 공급체인 유형 특성에서 합리적

선정만이 재무성과에 미치는 영향력이 유의한 것으로 나타났으며 이러한 점은 공급기업에 대한 품질 기준의 선정 활동과 관련 기업들에 대한 대량 생산을 위한 배려 활동이 공급체인 방향성을 매개로 하여 재무성과에의 긍정적인 효과를 유도할 수 있다는 점을 가설 1의 결과인 합리적 선정은 공급체인 방향성을 내부 지향화한다는 점과 연계하여 설명할 수 있을 것이다.

【표 29】 외생이론변수의 간접효과

	장기적 관계	정보활용	기술지원	합리적 선정	지리적 분산
방향성	-	-	-	-	-
공정성과	.01 (0.35)	-.02 (-0.34)	-.01 (-0.39)	.01 (0.36)	.00 (-.30)
고객성과	.13 (0.75)	-.25 (-0.71)	-.07 (-0.66)	.09 (0.66)	-.05 (-0.54)
재무성과	.12 (1.40)	-.23 (-1.82)	-07 (-1.61)	.08* (2.20)	-.04 (-1.08)
혁신성과	.01 (0.51)	-.03 (-0.53)	-.01 (-0.61)	.01 (0.57)	.00 (-0.46)

* : $p < 0.05$
( ) : t-value

이러한 연구결과는 공급업체의 수를 줄이고 품질을 통한 공급기업 선정 활동이 재무적 경영성과에 긍정적인 영향을 미친다고 본 Kekre 등(1995)의 연구에 대하여 공급체인 방향성의 매개 효과를 통한 구체적인 설명을 가능하게 하며, 개별 제조기업의 품질 향상은 재무적 경영성과 향상과 관련되어 있음을 알 수 있다.

4. 공급체인 방향성과 유형성의 적합성이 경영성과에 미치는 영향(가설 4)

공급체인 방향성과 공급체인 유형 간의 효과적인 적합성이 경영성과에 미치는 영향력을 파악하기 위하여 방향성을 조절 변수화하여 모형의 검증을 실시하였다. 매개효과에 대한 검증을 위하여 공급체인 유형과 공급체인 방향성에 대한 구조적인 분류 작업을 실시하였고 이들에 대한 중요 성과변수들에 대하여 평균비교를 실시하였다.

1) 응답기업의 군집화

(1) 공급체인 유형의 군집화

공급체인 유형에 따라서 각 케이스들을 분류하기 위하여 k-평균 군집분석을 실시하였다. 공급체인 유형의 경우는 장기적 관계 수준, 정보활용 수준, 기술지원 수준, 합리적 선정 수준을 분류 기준 변수로 활용하였으며 【표 30】에서 나타나고 있는 것처럼 초기 군집 중심점을 바탕으로 최종 군집중심점이 차이가 나타나도록 분류가 이루어졌다.

【표 30】 공급체인 유형 최종 군집중심

	군 집		
	1	2	3
장기적 관계	.70525	-.89052	-.24844
정보활용	-.28698	.23229	1.01066
기술지원	-.01237	.10115	1.10064
합리적 선정	.01507	-.20191	4.83476

【표 31】 공급체인 유형 최종 군집중심 간 거리

군 집	1집단	2집단	3집단
1집단		1.696	5.202
2집단	1.696		5.233
3집단	5.202	5.233	

【표 30】의 분류 결과에 따르면 1집단은 시장거래 유형, 2집단은 통합적 공급체인 유형의 특징을 보였으며 3집단의 경우는 대체로 네 가지의 분류 기준변수들에 대하여 가장 높은 수준의 통합 형태를 가져 기업 간 구조의 통합화와 연계 강도를 고려한다면 수직적 통합 유형에 가까우므로 본 연구에서는 제외하여 결측치 처리하였다.

본 연구에서 수직적 통합을 배제한 근거는 우선 국내 기업 간의 관계 실정을 반영한 것이고 기업 간의 긍정적인 관계 설정은 자산 특이성 수준을 오히려 낮추게 되고, 이를 통하여 수직적 통합의 필요성을 낮아진다는 기존연구(Walker와 Poppo, 1991)를 바탕으로 한 것이다. 즉 관계 유형에 따라 수직적 통합의 실시 여부가 결정된다면 이를 사전에 반영할 필요성이 제거되기 때문이다.

【표 32】 공급체인 유형 최종 분류 케이스의 수

집 단	집단1	71
	집단2	55
	집단3	3
계		129

따라서 시장거래 유형 공급체인에 속한 기업은 71개 기업, 통합적 공급체인 유형에 속한 기업은 55개 기업으로 분류되었다.

(2) 공급체인 방향성의 군집분석

공급체인 방향성에 따른 기업의 분류도 공급체인 유형에 대한 군집분석과 동일한 절차를 통하여 분류하였다. 2개의 군집으로 분류하였으며 방향성 수준을 파악하기 위한 7개의 변수들을 분류기준변수로 활용하였다.

【표 33】 공급체인 방향성 최종 군집중심

변수명	군 집	
	군 집1	군 집2
I-1	3	2
I-2	4	3
I-3	4	2
I-4	6	5
I-5	4	2
I-6	5	5
I-7	6	3

【표 34】 공급체인 방향성 최종 군집중심 간 거리

	군집1	군집 2
군집1		4.473
군집2	4.473	

【표 33】과 【표 34】에서 나타난 중심점 수준을 고려하여 집단 1
이 대부분의 분류 변수들에서 높은 수치를 보여 외부 지향적 공
급체인을 가지는 것으로 군집화였고, 집단 2는 내부 지향적 공급
체인에 위치한 기업들로 분류하였다.

【표 35】 공급체인 방향성 최종 분류 케이스의 수

집 단	집단1	79
	집단2	50
계		129.000

　이러한 군집 결과를 바탕으로 기업 간 연계의 수준이 낮고 통제 활동이 특정 개별 기업에 의해 이루어지는 수준이 낮은 시장 거래 유형 공급체인에서 내부 지향성을 보이거나 기업 간 연계의 수준이 높고 통제 활동이 특정 기업에 의해서 이루어지는 경향이 강해서 기업 간의 힘의 불균형이 나타나는 통합적 유형하에서 외부 지향성을 보이는 공급체인을 적합성이 높은 공급체인으로 분류하고 반대로 내부 지향성하에서 통합적 유형을 가지거나 외부 지향성에서 시장거래 유형을 가지는 공급체인을 낮은 적합성을 가지는 공급체인으로 분류하여 이들 간의 경영성과에 차이를 가지는 지 독립표본 평균비교 분석을 실시하였다.

2) 적합성 수준에 따른 평균 비교분석 결과

　공급체인 적합성 수준에 따른 경영성과를 파악하기 위하여 우선 각 공급성과별로 Levene 테스트를 통하여 등분산성을 사전 검토하였으며 고객성과와 재무성과에서 등분산성이 기각되는 것으로 나타나 등분산성을 가정하지 않은 t-통계량을 해석하였다.

　【표 36】에서 제시되고 있는 것처럼, 적합성이 높은 공급체인과 그렇지 않은 공급체인에 속한 기업들의 경영성과는 일부 항목들

에서 뚜렷한 차이를 보였다. 특히 재무성과와 혁신성과에서는 보수적 유의수준에서도 차이가 나타났는데 재무성과의 경우에는 외부 지향성을 보이는 공급체인에서 기업 간 파트너십의 강화를 통한 통합적 공급체인 구조를 보이면서 현금흐름의 수준뿐만 아니라 매출액까지도 높은 신장세를 보이는 것으로 해석할 수 있다.

【표 36】 적합성 수준에 따른 경영성과의 차이

공급체인 성과 유형	Levene 테스트		평균의 동질성에 대한 t-test		
	F	유의확률	t값	자유도	유의확률
공정성과	1.068	.303	.437	124	.663
고객성과	11.285	.001	-1848	122.582	.067
재무성과	5.743	.018	-2.411	117.587	.017
혁신성과	2.151	.145	-2.006	124	.047

또한 구매기업과 공급기업의 적극적인 참여를 바탕으로 공정과 제품에 대한 혁신 활동, 정보의 흐름, 시장에서의 위험 대처와 같은 혁신성과까지도 높아진다는 것을 알 수 있다.

반면에 내부공정성과에서는 유의한 차이가 나타나지 않았다. 이러한 이유는 기업내부의 성과인 단위당 생산원가라든지 생산 사이클 시간 등은 파트너 기업들과의 연계성과는 독립적으로 성과 창출이 이루어지고 있음을 알 수 있으며 장기적 파트너십을 통한 규모의 경제 효과를 나타내기에는 아직 효율적 공급체인 운영이 이루어지지 않고 있음을 보이는 것이다.

다만 고객성과의 경우에는 0.9 신뢰수준에서 유의한 차이를 보이는 것으로 해석할 수 있는데 공급체인 방향성과 공급체인 유형 간의 적절성은 제품이나 서비스의 품질, 적시 공급성, 생산유연성, 고객가치에 기여하고 있음을 파악할 수 있었다.

따라서 이러한 공급체인 유형과 방향성 간의 적합도 수준이 경영성과에 미치는 영향력 파악은 기존의 단일 척도에 의한 공급체인 성과 측정에 비하여 다양한 측면을 제시하고 있어 공급체인 설계에 기여할 것으로 보인다.

예를 들어 앞의 가설 3에서 단순하게 공급체인 방향성이 내부지향일수록 재무적, 비재무적 경영성과에 미치는 영향력 검토과정에서 재무적 성과에 유의한 영향력을 미치는 것으로 나타났는데, 이러한 경우에도 기존연구와의 괴리를 적합성이라는 연구개념으로 해석적 어려움을 극복할 수 있을 것으로 판단된다. 즉 방향성과 함께 공급체인의 유형을 적절하게 연계하는 경우에는 대부분의 경영성과에서 뚜렷한 차이를 보인다는 점에서 공급체인 설계에 대한 시사점을 제공하고 있다.

제5장 결 론

  본 장에서는 이상의 연구내용에 대한 요약 및 이론적, 실무적 시사점을 제시하고 실증분석에 따르는 연구한계를 제시하였다. 마지막으로 향후 연구를 위한 제언을 통하여 공급체인 경영의 설계를 위한 발전적 연구를 도모하고자 하였다.

제1절 연구요약과 시사점

  본 연구에서 공급체인의 효과적 운영과 설계를 위한 실증연구를 실시한 이유는 1980년대에 들어오면서 기업 간 관계관리가 전술적인 측면에서 전략적인 측면으로 그 위상이 변해지고 있다는 점을 바탕으로 한다. 과거 1970년대까지 전략적 요소라기보다는 통제가 필요한 관리적 요소로 다루어졌던 것이 공급관계 분야였고, 이러한 변화과정은 결국은 효율성 추구에서 유효성 추구로의 그 방향이 변해간다는 점을 의미하기 때문에 더욱 효과적으로 공급관계를 운영하기 위해서는 타 기능 간의 연계, 타 기업과의 연계를 고려하게 되고 나아가 기업전략과의 연계성을 고려하여 순환적 전략 실행의 필요성이 더해졌다고 보기 때문이다.

  또한 기존의 연구에서 대부분 사례연구나 개념연구를 통하여 규범적인 시사점을 제공하고 선진 기업의 공급관계를 소개하고 있으나 국내 제조기업에서의 공급관계에 대해서 실증적인 현상 분석이 이루어지지 못하고 있다는 점을 함께 고려한 것이다.

구체적으로 본 연구에서는 과거 연구와는 달리 공급기업과 구매기업의 특성을 함께 가지는 기업들을 대상으로 적절한 경영성과를 창출하기 위한 공급체인 설계 시사점을 제공하고 있다. 이상의 연구를 간략하게 요약하면 다음과 같다.

첫째, 공급체인 유형이 공급체인 방향성 구축에 영향력을 가지는지 살펴보았다. 구체적으로 정보활용성이 커질수록 외부 지향적 공급체인 구축에 영향력을 미치는 것으로 나타났다. 장기적 관계, 가격 이외의 기준에 의한 공급기업 선정 방침은 공급체인의 내부 지향적 구축에 영향력을 가지는 것으로 나타났다. 따라서 EDI, VAN 등을 통한 통합적 공급체인 경영(SCM)의 실현 가능성이 실증적으로 파악되었으며, 장기적 관계 형성과 합리적 선정의 추구 경향이 높아질수록 개별 기업의 기업 관계에 대한 활동은 내부공정 지향의 활동으로 변화된다는 점을 파악할 수 있었다.

이러한 연구결과는 기존의 연구에서 제기된 것처럼, 통합적 공급체인 경영의 실행을 통하여 직접 물류비용 감소를 추구하는 것에 비하여, 기업 간 정보활용을 통한 적시 구매와 적시 생산을 실현하여 공급체인의 통합을 유도하고 이러한 과정에서의 물류비용 감소를 추구해야 한다는 점과 연계된다(Dong 등, 2001). 즉 기업 간 관계성을 통한 기업가치의 실현을 위해서는 사전적으로 개별 기업이 속한 공급체인의 특성을 파악하고 이를 반영한 기업 활동 수행이 필요함을 시사하고 있다.

또한 시장이 안정적이며 기업 간 힘의 균형이 유지되지 않는 경우에는 오히려 기업 간 통합이 적절한 것만은 아니라는 기존연구(Spekman등, 1994)를 인용한다면, 국내 벤처기업의 경우에 시사하는 바가 더욱 크다고 할 수 있다. 즉 과다한 구매기업에 대한 의지, 경쟁력의 상실, 과다한 전문화 등이 오히려 악영향으로 나타날 수 있다는 점에서 기업 간 통합 활동을 강제적으로 수행하지 않는 것이 오히려 긍정적이라고 결론 내릴 수 있을 것이다.

둘째, 지리적 분산 수준이 공급체인 방향성에 미치는 영향력을 파악하였다. 가설검정 결과에 따르면 단순한 공급체인의 지리적 확대는 공급체인 방향성의 외부 지향에 영향력을 가지지 못하는 것으로 나타났다. 이러한 점은 첫 번째 연구결과에서 제시된 것과 같이 정보화 하드웨어를 통한 지리적 확대의 극복이 가능하다는 점을 실증적으로 파악할 수 있었다. 이러한 점들을 고려하여 공급체인 방향성을 외부 지향적으로 변화시키기보다는 지리적 분산성이 공급체인 유형의 구축과 일정 수준의 연관성을 가질 것으로 기대되어 이차 요인분석 결과를 바탕으로 모형을 재설계 하였다. 재구축 모형에 대한 분석 결과에서 유의한 수준의 대칭관계를 가짐으로서 지리적 분산 수준은 공급체인 방향성 구축을 위한 선행 변수로 볼 수 없으며, 단지 공급체인 유형을 구축에 대한 제반 조건에 불과하다는 것을 알 수 있었다.

따라서 지리적 분산에 치중한 공급체인 전략추구보다는 자사의 공급기업이나 구매기업과의 정보의 원활한 교환을 추구하고, De Toni와 Nassimbeni(1999)가 제시한 것처럼 공급기업과 구매기업 간의 정보교환에 의한 성과 향상을 추구해야 할 것이다.

셋째, 공급체인 방향성 경향이 4가지의 균형 성과표 각 항목들에 대한 영향력을 파악하였다. 비록 공급체인의 방향성을 고려하지 않았지만 기존의 재무적 성과 향상을 분석한 연구들에서는 구매기업이나 공급기업과의 통합의 수준이 높아질수록 잠재적인 공급체인의 성과도 함께 높아지는 것으로 나타났다(Stevens, 1989; Lee 등, 1997; Metters, 1997; Narasimhan과 Jayaram, 1998; Lummus 등, 1998; Anderson과 Katz, 1998; Hines 등, 1998; Johnson, 1999).

그러나 분석 결과에 따르면 재무성과의 경우에는 공급체인이 외부 지향일수록 유의한 수준으로 낮은 성과가 나타날 수 있음을 보였다. 이러한 연구결과는 기존의 대규모 기업들을 대상으로 한 Frohlich 등(2001)의 연구와 상반되는 것으로 국내 공급체인의 성과 연계성에 대하여 문제점이 제기되었다.

이러한 점은 기업 규모가 크지 않은 벤처기업이라는 점과 구매기업의 안정 수준이 높은 경우에는 기업 간 통합의 효과가 뚜렷하게 나타나지 않는다는 Spekman 등(1994)의 연구와 관련된 것으로 보인다.

연구 개념들 간의 간접효과 수준을 파악한 결과에 따르면, 공급체인 유형 요소들이 미치는 간접 효과를 통하여 합리적 선정만이 재무성과에 미치는 영향력이 유의한 것으로 나타났으며 이러한 점은 공급기업에 대한 품질 기준의 선정 활동과 대량 생산을 위한 배려 활동이 공급체인 방향성을 매개로 하여 재무성과에의 긍정적인 효과를 유도할 수 있다는 점을 제시하는 것이다. 따라서 합리적 관계 기업 선정을 통하여 사후적으로 공급체인 방향성이 내부 지향화하는 경우에 경영성과가 높아질 수 있다는 점을 가설 1과 연계하여 설명할 수 있을 것이다.

또한 재무적 성과가 다른 성과들에 대하여 무차별적인 선행효과를 가지지 못한다(Brewer 등, 2000)는 점을 고려한다면, 경영성과를 향상하기 위한 의도적인 공급체인 설계가 비재무적 성과 향상으로 연계되기 위해서는 내부공정의 효과적 운영과 고객만족, 혁신 및 학습 활동을 위한 비재무적 분야에 대하여 투자와 효과성 확대를 위한 방침과 수행활동이 독자적으로 있어야 할 것이다.

넷째, 공급체인 유형과 공급체인 방향성 간의 적합성이 경영성과에 미치는 영향력을 살펴보았다. 개념적인 측면을 고려하여 통합적 거래구조 공급체인하에서 내부 지향성을 보이거나 시장거래구조하에서 외부 지향성을 보이는 경우에는 낮은 적합성을 가지는 것으로 분류하고 반대의 경우에는 높은 적합성을 가지는 것으로 분류하였다.

분석 결과에 따르면 공정성과 외에는 적합성 수준에 따라서 성과 수준에 차이가 나타났다. 이러한 결과는 적절한 공급체인 구조를 구축하고 있는 기업이 상대적으로 높은 기업성과를 실현한다는 주장(Narasimhan 등, 1999)과 일치하는 결과이다. 또한 본 연구와 유사한 연구절차를 통하여 대규모 사업장을 대상으로 실시한 Stock(2000) 등의 연구에서 공급체인 구조와 공급체인 통합의 적합성이 경영성과에 영향을 미친다는 결과와도 동일한 연구결과를 보였다.

반면에 내부공정성과에서는 유의한 차이가 나타나지 않았다. 이러한 이유는 기업내부의 성과인 단위당 생산원가라든지 생산 사이클 시간 등은 파트너 기업들과의 연계 수준이 상대적으로 낮다는 특이성을 가진다. 그리고 국내 벤처기업들의 경우에는 장기적 파트너십을 통한 규모의 경제 효과를 나타내기에는 아직 효율적 공급체인 운영이 이루어지지 않고 있음을 보였다.

가설 4의 연구결과를 가설 3의 연구결과와 연계한다면, 단순하게 공급체인 구조를 외부 지향으로 변화시킨다는 점이 경영성과로 이어질 수 있는 것은 아니며 공급체인 방향성과 함께 기존 공급체인의 특성인 공급체인 유형 간의 적절성을 바탕으로 할 때 높은 경영성과를 이룰 수 있음을 알 수 있었다. 이러한 점은 벤처기업들이 소규모이고 관계 형성을 위한 영향력이 미약하다는 점에서 전략적 투자 활동에 환경적 측면을 고려해야 한다는 점을 지적하고 있다.

제2절 연구한계점 및 향후 연구를 위한 제언

본 연구에서는 국내 벤처 제조기업을 대상으로 공급체인 유형에 따르는 기업의 전략적 대응이 경영성과에 미치는 영향력을 다양한 측면을 고려하여 측정하고자 하였으나 제반 여건 등으로 인하여 연구한계 또한 지적되고 있다. 이하에서는 본 연구의 한계와 함께 향후 향후연구에서 지속적으로 수행 가능한 분야를 제시한다.

1. 연구한계점

본 연구에서는 공급체인 구조와 방향성 간의 관계 파악과 이들의 경영성과에 미치는 영향력을 적절한 표본 기업들을 선정하여 실증분석하고 있지만, 표본조사를 실시함에 따르는 몇 가지의 한계점을 내포하고 있다.

첫째, 공급체인 유형성을 단순화하는 과정에서 수직적 통합을 포함하지 못하여 기존연구에서 언급한 다양한 공급체인 유형을 고려하지 못하고 있다. 이는 국내 산업관계의 현실성을 반영한 것이기는 하지만 연구결과를 제한하는 결과를 낳을 수 있을 것이다. 다만 통합적 공급체인 유형을 통하여 공급체인 통제가 힘의 불균형으로 특정 기업에 집중되어 있는 것을 유형화하였다.

둘째, 지리적 분산 수준을 단순히 관계 기업의 입지만을 고려하고 있어 산업의 특수성을 반영하지 못하고 있다. 산업의 특수성은 지리적 분산성이 높다고 하여도 공급체인의 경쟁력 약화에는 영향을 미치지 않는 산업의 특이성을 말한다. 지리적 분산 수준을 좀 더 구체화하여 물류 저장시설, 유통 시설, 공급기업, 구매기업 등으로 좀 더 세분화하여 접근할 필요성이 있을 것이다. 또한 지리적 분산성의 측정에서 입지와 거리를 함께 고려하여 각각에 대한 세밀한 접근에 한계가 있다.

셋째, 표본의 수가 부족할 수 있는데 이는 분석단위가 기업이고 특정지역 전체의 벤처 기업의 수가 부족한 면이 영향력을 미쳤다. 이러한 표본 수의 부족으로 인하여 표본 오류의 수준을 검정했지만, 연구결과의 일반화에는 한계를 가질 수 있을 것이다. 이러한 표본 수의 부족으로 인한 군집분석 한계로 인하여 기존의 5가지로 세분화되어 있는 공급체인 방향성을 축소할 수밖에 없는 한계가 나타났다.

넷째, 개별 기업들에 대하여 공급체인상에서의 구매기업과 공급기업으로의 획일적 판단이 나타났다. 즉, 특정 기업은 공급기업일 수도 있으며 구매기업일 수도 있다는 가정하에서 단일기업을 평가함으로써 양자 분석(dyadic test)을 실시하지 못함으로써 본연의 연구의도에 비하여 분석력은 떨어질 수 있다.

2. 향후 연구를 위한 제언

본 연구에서 제기된 연구결과와 함께 표본 기업들의 특성을 고려하여 향후 연구에서는 다음과 같은 점을 고려한 추가 연구의 필요성이 제기된다.

우선 자재공급기업은 본 연구의 대상이며 물류 서비스 제공 기업에 대한 연구로의 확장을 고려할 수 있을 것이다. 즉 물류 전문기업으로의 확장을 통하여 제조기업이 자체 물류 수단을 활용하는 경우와 제3자 물류를 활용하는 경우의 경영성과 및 공급체인 방향성과 공급체인 구조 간의 연계 가능성을 파악, 비교할 수 있을 것이다.

본 연구에서는 공급체인 유형 측정을 위하여 지리적 분산성을 중요 개념으로 활용하고 있는데, 지리적 분산성을 물리적 거리로 측정하는가와 이산성 기준으로 측정할 것인가에 따라서 다양한 접근방법이 제기될 수 있을 것이다. 예를 들어 지리적 이산성만을 기준으로 하는 경우에는 근거리에 위치한 이산적 기업 관계가 분산성이 높은 것으로 측정될 수 있는 한계점을 가질 수 있으므로 이러한 면에 대한 추가의 연구가 필요할 것이다.

다음으로 실증분석 대상 모형을 바탕으로 업종별 공급체인 모형 설계 및 실증연구의 필요성이 제기된다. 본 연구에서는 주로 산업재 관련 제조기업들을 연구대상으로 하고 있으나 산업재 외에 소비재나 서비스 관련 공급체인에서의 모형 타당성 및 공급체인 활동의 유효성을 파악, 비교할 수 있을 것이다.

또한 다양한 비재무적 성과 지표를 통하여 공급체인 성과를 파악할 수 있는데, Carter(2000)에서는 글로벌 생산체제와 공급체인을 구축하고 있는 제조기업들의 윤리적인 측면이 경영성과에 미치는 영향력을 파악한 것이 좋은 예가 될 것이다. 이 외에도 종업원 만족 수준과 외주 업체의 성과에 따른 경영성과의 수준을 측정할 수 있을 것이다.

연구방법적인 측면에서는 공분산 구조분석을 통한 문항 타당화 과정과 기존 절차와의 유사성과 상대적 우수성에 대한 보다 깊은 연구가 가능할 것이며 공급체인 분야에 대한 유사 연구방법의 활용 가능성을 제기할 수 있을 것이다. Garver 등(1999)에 의하면 공급체인 관련 연구영역도 대부분의 실증연구들에서처럼 이론의 검정이 주된 연구영역이라고 할 수 있는데 이에 대한 구체적인 연구절차가 마련되지 않고 있음을 지적하고 있다. 따라서 향후 연구를 위하여 이에 대한 구체적인 정리 과정이 필요할 것이다.

참고 문헌

김태현, 「21세기를 대비한 Supply chain management, 개념과 사례」, 박영사, 1999.

대한 상공회의소, 「기업물류비 산정, 활용 매뉴얼」, 대한 상공회의소, 1995.

신유근, 「조직환경론」, 다산출판사, 1987.

양병화, 「다변량 자료의 분석」, 학지사, 1999.

인천지방중소기업청, 「벤처기업 확인요령」, 2000.

전인수, "소비자 거래에 있어서의 거래비용 이론의 적용에 관한 연구," *경영학 연구*, 제22권, 제1호, 1992. pp.173-192.

한국능률협회 컨설팅팀 編, 「SCM 경영혁명」, 21세기 북스, 2000.

한국유통연구원 編, 「미래를 바꾸는 ECR, SCM 경영혁명」, 중앙경제 평론사, 2001.

홍의, "전자상거래가 물류활동의 아웃소싱에 미치는 영향력에 관한 연구," 서강대학교 대학원 박사학위논문, 2001.

Akinc, U., "Selecting a set of vendors in a manufacturing environment," *Journal of Operations Management*, Vol. 11, 1993, pp.107-122.

Alchian, A. A. and H. Demsertz, "Production, information costs, and economic Organization," *American Economic Review*, Vol. 62, 1972, pp.777-795.

Aldrich, H. E. *Organization and Environments*. Prentice Hall. 1979.

Anderson, J. C. and D. W. Gerbing, "Some methods for respecifying measurement models to obtain unidimensional construct measurement," *Journal of Marketing Research*, Vol. 19, 1982, pp.453-460.

Anderson, E. and B. A. Weitz, "Determinants of continuity in conventional Industrial Channel Dyads," *Marketing Science*, Vol. 98, 1989, pp.310-323.

Anderson, M. G. and P. B. Katz, "Strategic sourcing," *International Journal of Logistics Management*, Vol. 9, 1998, pp.1-13.

Armistead, C. G. and J. Mapes, "The impact of supply chain integrationon operating performance," *Logistics Information Management*, Vol. 6, 1993, pp.9-14.

Armstrong, J. S. and T. S. Overton, "Estimating nonrespondence bias on mail survey," *Journal of Marketing Research*, Vol. 14, 1977, pp.396-402.

Baker, L. T., Penny M. Simpson, and Judy A. Siguaw, "The impact of suppliers' perceptions of reseller Market Orientation on key relationship constructs," *Journal of the Academy of Marketing Science*, Vol. 27, 1999, pp.50-57.

Bamford, J., "Driving America to tiers," *Financial World*, Vol. 163, 1994, pp.24-27.

Baxter, L. F., N. Ferguson, D. K. Macbeth, and G. C. Neil, "Getting the message across? supplier quality improvement programmes," *International Journal of Operations and Production Management*, Vol. 9. 1989, pp.69-76.

Bienstock, C. C., J. T. Mentzer, and M. M. Bird, "Measuring physical distribution service quality," *Journal of Academy of Marketing Science*, Vol. 25, 1997, pp.31-44.

Bowen, D. E. and G. R. Jones, "Transaction cost analysis of service organization-customer exchange," *Academy of Management Review*, Vol. 11, 1986, pp.428-441.

Brewer, C. P. and T. W. Speh, "Using balanced scorecard to measure supply chain performance," *Journal of Business Logistics*, Vol. 21, 2000, pp.75-93.

Cameron, S. and D. Shipley, "A discretionary model of industrial buying," *Managerial and Decision Economics*, Vol. 6, 1985, pp.102-111.

Carr, S. A., and J. N. Pearson, "Strategically managed buyer-supplier relationship and performance outcomes," *Journal of Operations Management*, Vol. 17, 1999, pp.497-519.

Carter, R. C., "Ethical issues in international buyer-supplier relationships: a dyadic examination," *Journal of Operations Management*, Vol. 18, 2000, pp.191-208.

Carter, M. N., T. M. Stearns, P. D. Reynolds, and B. A. Miller, "New venture strategies: theory development with an empirical base," *Strategic Management Journal*, Vol. 15, 1994, pp.21-41

Choi, T. Y. and J. L. Hartley, "An exploration of supplier selection practice across the supply chain," *Journal of Operations Management*, Vol. 14, 1996, pp.333-343.

Churchill, G. A., "A paradigm for developing better measures of marketing constructs," *Journal of Marketing Research*, Vol. 16, 1979, pp.64-73.

Cusumano, M. A. and A. Takeishi, "Supplier relations and management: A survey of Japanese, Japanese transplant and US auto plants," *Strategic Management Journal,* Vol. 12, 1991, pp.563-588.

Das, A. and R. B. Handfield, "A meta analysis of doctorial dissertations in purchasing," *Journal of Operations Management,* Vol. 15, 1997, pp.101-121.

Davis, T., "Effective supply chain management," *Sloan Management Review,* summer, 1993, pp.35-46.

De Toni, A. and G. Nassimbeni, "Buyer-supplier operational practices, sourcing polices and plant performance: result of an empirical research," *International Journal of Production Research,* Vol. 37, 1999, pp.597-619.

Dickson, G. W., "An analysis of vendor selection systems and decisions," *Journal of Purchasing,* Vol. 2, 1996, pp.5-17.

Dong, Y., C. R. Carter, and M. E. Dresner, "JIT purchasing and performance: an exploratory analysis of buyer and supplier perspective," *Journal of Operations Management,* Vol. 19, 2001, pp.471-483.

Dunn, S. C., R. F. Seaker and M. A. Waller, "Latent variables in business logistics research scale development and validation," *Journal of Business Logistics,* Vol. 18, 1997, pp.199-216.

Dyer, J. H., "Effective interfirm collaboration: how firm minimize transaction costs and maximize transaction value," *Strategic Management Journal,* Vol. 18(7), 1997, pp.535-556.

Fine, H. C., "The primacy of chains," *Supply Chain Management Review,* Vol. 3, 1999, pp.74-87.

Fisher, M. L. and A. Raman, "Reducing the cost of demand uncertainty through accurate response to early stage," *Operations Research,* Vol. 44, 1996, pp.87-99.

Fisher, M. L., J. H. Hammond, W. R. Obermeyer, and A. Raman, "Making supply meet demand in an uncertain world," *Harvard Business Review*, May-June, 1994, pp.83-93.

Frohlich T. M., and Roy Westbrook, "Arcs of integration: an international study of supply chain strategies," *Journal of Operations Management*, Vol. 19, 2001, pp.185-200.

Garver, S. M. and J. T. Mentzer, "Logistics research methods: employing structural equation modeling to test for construct validity," *Journal of Business Logistics*, Vol. 20, 1999, pp.33-57

Gattornam, J., *Strategic Supply Chain Alignment*, Gower Publishing, 1998.

Griesinger, D. W., "The human side of economic organization," *Academy of Management Review*, Vol. 15, 1990, pp.478-499.

Hahn, C. K., P. A. Pinto, and D. J. Brag, "Just-in-time production and purchasing," *Journal of Purchasing and Materials Management*, Fall, 1983, pp.2-10.

Hale, B. J., "Logistics perspectives for the new millenium," *Journal of Business Logistics*, Vol. 20, 1999, pp.5-7.

Hammel, T. R. and L. R. Kopczak, "Tightening the supply chain," *Production and Inventory Management*, Second Quarter, 1993, pp.63-70.

Handfield, R. B. and E. L. Nichols, *Introducing to Supply Chain Management*, Prentice-Hall. Upper Saddle River, 1999.

Hartley, L. J., B. J. Zirger, and R. R. Kamath, "Managing the buyer-supplier interface for on-time performance in product development," *Journal of Operations Management*, Vol. 15, 1997, pp.57-70.

Heide, J. B. and J. George, "Alliance in industrial purchasing: The determinants of joint action in buyer-supplier relationships," *Journal of Marketing Research*, Vol. 27, 1990, pp.24-36.

Heide, J. B., "Inter-organizational governance in marketing channels," *Journal of Marketing*, Vol. 58, 1994, pp.71-87.

Helper, S. R., "How much has really changed between US automakers and their suppliers?" *Sloan Management Review*, Vol. 32, 1991, pp.15-28.

Helper, S. R. and M. Sako, "Supplier relation in Japan and the US: are they converging?" *Sloan Management Review*, Spring, 1995, pp.77-82.

Hines, P., N. Rich, J. Bicheno, and D. Brunt, "Value stream management," *International Journal of Logistics Management*, Vol. 9, 1998, pp.25-42.

Johnson, L. J., "Strategic integration in industrial distribution channels," *Journal of the Academy of Marketing Science*, Vol. 27, 1999, pp.4-18.

Jöreskog, G. Karl and Dag Sörbom, *Lisrel 7: A Guide to the Program and Applications*, 2nd edition, Michagan, SPSS, 1989.

Judith, S. Whipple, Robert Frankle and Kenneth Anselmi, "The effect of governance structure on performance: A case study of efficient consumer response," *Journal of Business Logistics*, Vol. 20, No.2, 1999, pp.43-62.

Kaplan, S. R. and D. P. Norton, *The Balanced Scorecard*, Harvard Univ. Press, U. S., 1996.

Kekre, S., B. P. S. Murthi, and K. Srinivasan, "Operations decisions, supplier availability and quality: an empirical study," *Journal of Operations Management*, Vol. 12, 1995, pp.387-396.

Kotha, J. W. and M. A. McGinnis, "Generic manufacturing strategies: a conceptual synthesis," *Strategic Management Journal*, Vol. 10, 1989, pp.211-231.

Kotha, S. and D. Orne, "Generic manufacturing strategies: a conceptual synthesis," *Strategic Management Journal*, Vol. 10, 1989, pp.211-231.

Krause, R. D., Mark Pagell, and Sime Curkovic, "Toward a measure of competitive priorities for purchasing," *Journal of Operations Management*, Vol. 19, 2001, pp.497-512.

Lee, H. L. and Billington, C., "Managing supply chain inventory: pitfalls and opportunities," *Sloan Management Review*, Spring 1992, pp.65-73.

Lee, H. L., V. Padmanabhan, and S. Whang, "Information distortion in a supply chain: the bullwhip effect," *Management Sciences*, Vol. 43, 2000, pp.546-558.

Leenders, M. R. and D. L. Blenkhorn, *Reverse Marketing: The New Buyer-Supplier Relationship*, New York, The Free Press, 1988.

Lehmann, D. R. and J. O'Shaughnessy, "Decision criteria used in different buying category of products," *Journal of Purchasing and Materials Management*, Vol. 18, 1974, pp.9-14.

Leib, R. C., and H. L. Randall, "A comparison of the use of third party logistics services by large American manufacturers, 1991, 1994 and 1995," *Journal of Business Logistics*, Vol. 17, 1996, pp.305-320.

Levy, D. L., "Lean production in an international supply chain," *Sloan Management Review*, Winter, 1997 pp.94-102.

Mandal, A. and S. Deshmukh, "Vendor selection using interpretive structural modeling," *Journal of Operations and Production Management*, Vol. 14, 1995, pp.52-59.

Manoochehri, G. H., "Supplier and the just-in-time concept," *Journal of Purchasing and Materials Management*, Winter, 1984, pp.16-21.

Metters, R., "Quantifying the bullwhip effect in supply chains," *Journal of Operations Management*, Vol. 15, pp.89-100.

McCutcheon, D., and F. Ian Stuart, "Issues in the choice of supplier alliance partners," *Journal of Operations Management*, Vol. 18, 2000, pp.279-301.

Monczka, R. M., R. J. Trent, and R. B. Handfield, *Purchasing and Supply Chain Management*, South-Western, Cincinnati, OH, 1998.

Narasimhan, R. and A. Das, "An empirical investigation of the contribution of strategic sourcing to manufacturing flexibilities and Performance," *Decision Science*, Vol. 30, 1999, pp.683-718.

Narasimhan, R., "An analytic approach to supplier selection," *Journal of Purchasing and Materials Management*, Vol. 19, 1983, pp.27-32.

Narasimhan, R. and Ajay Das, "Process-technology fit and its implications for manufacturing performance," *Journal of Operations Management*, Vol. 19, 2001, pp.521-540.

Narasimhan, R. and J. Jararam, "Causal linkages in supply chain management: an exploratory study of North American manufacturing firms," *Decisions Sciences*, Vol. 29, 1998, pp.579-605.

Newman, R. G., "Single sourcing: short-term savings versus long-term problems," *Journal of Purchasing and Materials Management*, Summer, 1989, pp.20-25.

Noordewier, T. G., G. John, J. R. Nevin, "Performance outcomes of purchasing arrangement," *Journal of Marketing*, Vol. 54, 1990, pp.80-93.

Nunnally, J. C., *Psychometric Theory*, 2nd edn, McGraw-Hall, New York, 1978

Porter, M. E., *Competitive Advantage: Creating and Sustaining Superior Performance*, The Free Press, New York, 1985.

Quinn, Francis, "The Payoff," *Logistics Management*, Vol. 37, 1996, pp.56-62.

Russell, R. M. and L. J. Krajewski, "Coordinated replenishments from a common supplier," *Decision Sciences*, Vol. 23, 1992, pp.610-632.

Sheridan, J. H., "Betting on a single source," *Industry Week*, February, 1988, pp.31-36.

Shin, Hojung, D. A. Collier, and D. D. Wilson, "Supply management orientation and supplier," *Journal of operations Management*, Vol. 18, 2000, pp.317-333.

Spekman, R. E. and R. Hill, "Strategy for effective purchasing in the 1980s," *Journal of Purchasing and Materials Management*, Vol. 16, 1980, pp.2-7.

Spekman, R. E., "Perceptions of strategic vulnerability among industrial buyers and its effect on information search and supplier evaluation," *Journal of Business Research*, Vol. 17, 1988, pp.313-326.

Spekman, R. E., "Strategic supplier selection: understanding long term buyer relationship," *Business Horizons*, Vol. 31, 1983, pp.75-81.

Spekman, R. E. and J. Mohr, "Characteristics of partnership success," *Strategic Management Journal*, Vol. 15, 1994, pp.135-152.

Stevens, J., "Integrating the supply chain," *International Journal of Physical Distribution and Materials Management*, Vol. 19, 1989, pp.3-8.

Stock, N. G., Noel P. Greis, and John D. Kasarda, "Enterprise logistics and supply chain structure," *Journal of Operations Management*, Vol. 18, 2000, pp.531-547.

Sunil, C. and P. Meindl, *Supply Chain Management*, Prentice Hall, New Jersey. 2001.

Swift, C. O., "Preferences for single sourcing and supplier selection criteria," *Journal of Business Research*, Vol. 32, 1995, pp.105-111.

Tan, K. C., V. R. Kannan, R. B. Handfield, "Supply chain management: supplier performance and firm performance," *International Journal of Purchasing and Materials Management*, Summer, 1998, pp.2-9.

Thomas, Y. C., and Janet L. Hartley, "An exploration of supplier selection practices across the supply chain," *Journal of Operations Management*, Vol. 14, 1996, pp.333-343.

Treleven, M., "Single-sourcing: a management tool for the quality supplier," *Journal of Purchasing and Materials Management*, Spring, 1987, pp.19-24.

Walker, G. and L. Poppo, "Profit center, single-source suppliers and transaction costs," *Administrative Science Quarterly*, Vol. 36,

1991, pp.66-87.

Weber, C. A., J. R. Current, and W. C. Benton, "Vendor selection criteria and methods," *European Journal of Operational Research*, Vol. 50, 1991, pp.2-18.

Williamson, O. E., "Transaction cost economics: The governance of contractual relations," *The Journal of Law Economics*, Vol. 22, 1978, pp.233-261.

Williamson, O. E., "The modern corporation origins, evolution, attributions," *Journal of Economic Literature*, Vol. 19, 1982, pp.1537-1568.

Williamson, O. E., *The Economic Institutions of Capitalism*, Free Press, New York, 1985.

Womack, J. P., and D. T. Jones, *The Machine That Changed the World: The Story of Lean Production*, Harper Perennial, 1990.

• 저자 •

권영훈
(權寧勳)

• 약 력 •

한양대학교 경상대학 경영학과 졸업
서강대학교 대학원 경영학 석사
서강대학교 대학원 경영학 박사

서강대, 한양대, 상명대 경영학 강사
서울디지털 대학교 E-경영학부 겸임교수

• 주요논저 •

「서비스 제공자 품질이 재구매와 구전의도에 미치는 영향」
「서비스 회복노력이 서비스 품질인지와 고객만족에 미치는 영향」
「서비스 고객의 정성적 품질 측정에 관한 연구」
「LogiPERF를 활용한 소비재 물류 연구」
「공급관계 품질측정을 위한 BSC측정연구」
「공급체진 구조와 방향성이 경영성과에 미치는 영향」
외 다수

공급체인의 구조와 방향성의 역할

• 초판 인쇄	2006년 1월 10일
• 초판 발행	2006년 1월 10일
• 지 은 이	권영훈
• 펴 낸 이	채종준
• 펴 낸 곳	한국학술정보㈜
	경기도 파주시 교하읍 문발리 526-2
	파주출판문화정보산업단지
	전화 031) 908-3181(대표) · 팩스 031) 908-3189
	홈페이지 http://www.kstudy.com
	e-mail(e-Book사업부) ebook@kstudy.com
• 등 록	제일산-115호(2000. 6. 19)
• 가 격	10,000원

ISBN   89-534-4439-X 93320 (Paper Book)
　　　　89-534-4440-3 98320 (e-Book)